이기적 섹스

이기적 섹스

그놈들의 섹스는 잘못됐다

ⓒ은하선, 2015

초판 1쇄 펴낸날 2015년 8월 26일
초판 7쇄 펴낸날 2020년 3월 10일

지은이 은하선
펴낸이 이건복
펴낸곳 도서출판 동녘

전무 정락윤
주간 곽종구
편집 구형민 정경윤 박소연
영업 권지원
관리 서숙희 이주원

일러스트레이션 조재석
인쇄·제본 영신사 **라미네이팅** 북웨어 **종이** 한서지업사

등록 제311-1980-01호 1980년 3월 25일
주소 (10881) 경기도 파주시 회동길 77-26
전화 영업 031-955-3000 편집 031-955-3005 **전송** 031-955-3009
블로그 www.dongnyok.com **전자우편** editor@dongnyok.com

ISBN 978-89-7297-739-1 03300

• 이 도서의 국립중앙도서관 출판시도서목록(CIP)은 서지정보유통지원시스템 홈페이지 (http://seoji.nl.go.kr)와
  국가자료공동목록시스템(http://www.nl.go.kr/kolisnet)에서 이용하실 수 있습니다.(CIP제어번호: CIP2015021948)
• 본문 197쪽의 노래 가사는 인용 허락을 받았습니다. KOMCA 승인 필.

그놈들의 섹스는 잘못됐다

이기적 섹스

은하선 지음

동녘

섹스를 말하는
순간

어쩌다가 섹스에 대한 글을 쓰게 됐냐는 질문을 종종 받는다. 그러게 난 어쩌다가 섹스에 대한 글을 쓰게 됐을까. 하고 싶은 이야기가 마음의 웅덩이에 가득 찼을 때 사람들은 글을 쓰고 싶어 한다. 나도 그랬다. 섹스에 대해서 하고 싶은 이야기가 많아 글을 쓰기 시작했다. 처음 섹스에 대해 글을 써야겠다고 마음을 먹었을 때는 나의 경험을 이야기하면서도 다른 사람의 경험을 이야기하는 것처럼 글을 썼다. 나를 타인으로 두고 글을 쓴 것이다. 얼굴이 보이지 않는 공간에서 글을 쓰면서도 내 경험을 누군가에게 털어놓는 것이 익숙하지 않았기 때문이다. 하지만 그렇게 글을 쓰다 보니 어딘지 모르게 부자연스러웠다. 결정을 내려야 했다. 나만 혼자 보는 일기였다면 그런 걱정을 할 필요가 없었겠지만, 난 관심받는 걸 좋아하는지라 다른 사람들이 내 글을 봐 주길 원했다.

중학생 때 처음 섹스를 했다는 이야기를 쓰면서 난 정말 많은 고민을 했다. 지금 생각해 보면 뭘 그렇게 심각하게 고민했나 싶어 웃기지만, 그때는 두려웠다. 누군가에게 손가락질을 받을지도 모른다는 생각이 들었다. 하지만 내 주변엔 나의 글쓰기를 지지해 주는 친구들과 많은 여자들이 있었고 덕분에 지금까지 난 섹스에 대해 말할 수 있었다. 물론 누군가는 내 글을 보면서 "얘 이렇게 몸 막 굴리고 다니다가 시집은 어떻게 가려고 그래"라거나 "우리 아들은 이런 여자애한테 장가가면 안 되는데"라며 나의 미래와 노후를 걱정해 주신다는 말을 전해 들었다. 이 자리를 빌어서 진심으로 감사의 말씀 전한다.

섹스에 대한 글을 쓰기 시작했을 때 내가 직접 만들었던 자기소개가 있었다. '파트너 섹스내가 아닌 다른 누군가와 하는 섹스'만을 성경험으로 인정하는 건 매우 후졌다고 생각하는 여성 중 하나. 섹스에 대해 자유롭게 말하는 것만을 가지고 성해방을 이야기할 수는 없다고 생각한다. 주제가 같은 이야기라도 맥락과 방법을 따지는 것이 매우 중요하다고 생각하는, 섹스 좋아하는 꼴펨페미니스트를 비아냥거리기 위해 마초들이 주로 쓰는 단어. '꼴통 페미니스트'의 준말인 것으로 추정됨. 지금도 물론 유효하다. 사실 저 문장들은 '아무나 섹스, 섹스거리면 그게 성해방이냐?'라는 말을 최대한 내 방식대로 우아하게 풀어 쓴 것이다. 역사적으로 '남자'들에게 표현의 자유가 없었던 적은 없었다. 아무렇지도 않게 여직원 엉덩이를 두드리는 것으로 상쾌한 아침을 시작했던 남자들이 지금 이 시점에 답답함을 느끼는 건 어찌보면 당연하다. 무슨 말만 하면 성추행이라고 하고, 무슨 말만 하면 여성혐오라고 하니 얼마나 힘들고 괴로울까. 그 아픈 심정 이해는 가지만, 존중해 주고 싶지는 않다. 그런 남자들이 외치는 '섹스'와 '표현의 자유'는 절대 내가 말하고 싶은 '섹스'와 '표현의 자유'가 아니다.

어릴 때부터 '고추 달린 놈'이라고 불리며 자라는 남자들과는 달리 여자들은 하다못해 '조개 달린 년'이라고도 불리지 않는다. '고추'로 상징화되는 남자들과는 달리 여자들은 성기가 없는 것처럼 취급당한다. 태생부터가 다르니 남자들이 자지에 집착하는 마음을 알 것도 같다. 목욕탕 거울 앞에서 자지를 탈탈 털어서 드라이어로 말리는 남자들은 많아도, 목욕탕 거울 앞에서 보지를 드라이어로 말리는 여자는 많지 않다. 신체구조상 더 잘 말려 줘야 되는 건 보지인데도 말이다. 이 책에는 '보지'라는 단어가 많이 나온다. 이 단어가 익숙하지 않다면 왜 굳이 이런 단어를 썼냐고 물을 수도 있겠다. 보지를 가리키는 '소중이'라는 단어도 있는데 왜 불편하게 이런 단어들을 썼냐고. 물론 그런 단어를 사용할 수도 있었겠지만, 난 그러고 싶지 않았다. 보지가 더 이상 소중한 곳이 아니었으면 좋겠다. 이 정도면 충분히 소중하게 지켜 왔다. 이제는 밖으로 보지를 끄집어내야 할 때다.

귀에 못이 박히게 들어온 '유리처럼 깨지기 쉬우니 소중하게 다뤄야 한다'는 이야기는 여자들을 눈치 보면서 섹스하게 만들었다. 섹스를 잘 모르는 여자들은 '내숭 떨지 말라'고 욕먹고, 섹스를 많이 아는 여자들은 '까졌다'고 욕먹는다. 뭘 해도 욕을 먹으니 도통 눈치를 보지 않고 살 수가 없다. 이렇게 남자들 눈치 보면서 살기도 힘든데 보지라는 단어를 불편해한다는 이유로 '같은 여자'들한테도 욕먹는다. '보지'라는 단어를 불편하게 여기며 삶을 사는 여성들을 성해방이 덜 됐다고 나무라고 싶은 생각은 결코 없다. 하지만 그대로 살다 가는 언젠가 여성의 섹스와 언어가 이 세상에서 도태되어 버릴지 모른다. 자신이 어떤 삶을 사는 것이 '여자'들이 좀 더 나은 섹스를 하면서 살 수 있도록 돕는 길인지 부디 잘 선택하길 바란다. 보지라는 말을 꺼내기 힘들어하면서 여직원 엉덩이 두드리고 싶어 하는 남자들을 위한 표현의 자유에 힘을 실어 주는 건 그야말로 같이 죽자는 게 아니면 뭐겠는가.

지금은 자타공인 섹스토이 '덕후'지만 이런 나에게도 딜도 하나 없었던 시절이 있었다. 괜찮은 딜도를 하나 장만하려고 여기저기 돌아봤지만 대부분의 섹스샵은 '중년 남성'이 운영하고 있었고, 어떤 물건이 좋은지 잘 알고 있을 것 같지 않았다. 그래도 혹시 모르니 물어는 봤지만 예상대로 성의 없는 대답만 들을 수 있었다. 게다가 직접 써 봤을 리가 없으니 왠지 믿을 수 없었다. 온라인 쇼핑몰은 물건을 비교적 자세히 설명해 놓은 곳이 많아 차근차근 구경하기 좋았지만 쇼핑몰마다 달려 있는 '아내가 정말 좋아해요', '여자친구가 뿅 가네요' 같이 남성이 쓴 것으로 추정되는 후기들은 신뢰하기 어려웠다.

눈으로 보고 작동도 시켜 보고 사고 싶었지만 내 욕망을 채워 주는 섹스샵을 만날 수 없었다. 여기저기 섹스샵을 돌아다니다가 강남역 근처의 섹스샵에서 아르바이트하는 언니를 발견했으나 그녀는 나보다도 섹스토이에 대해 잘 모르는 것 같았다. "절제 수술로 성기가 짧아졌다"라며 이를 보완할 만한 콘돔을 찾으러 온 남성 손님을 "그런 건 우리 가게에 없는 것 같다"라며 돌려보내는 그녀를 보며, 차라리 내가 여기서 일하고 싶다는 생각을 했다. 언니, 저기 뒤에 특수 콘돔 있는데. 그때는 차마 용기가 없어 입 밖으로 말을 내뱉지 못했지만. 섹스샵에서라면 정말 재미있게 일할 수 있을 것 같았다.

생각도 잠시, 나는 폭풍 같은 연애와 학교 수업에 치여 섹스샵을 잊고 살았다. 휴학을 하고 시간이 남아돌자 그때서야 섹스샵에 대한 내 안의 욕망이 다시 피어올랐다. 아, 맞다. 섹스샵. 아르바이트를 구하는 곳이 있으려나. 섹스샵은 혼자서 작은 가게를 운영하는 경우가 대부분이라 아르바이트를 구하는 곳은 드물었다. 나는 인터넷에 '성인용품샵'을 검색해 무작정 전화를 돌리기 시작했다. 두세 군데 전화를 돌리던 중 면접을 보러 오라는 가게를 만날 수 있었다. 그리고 그 다음 날부터 섹스샵에서 아르바이트를 하게 되었다. 시작하기 전 어느 정도 예상은 했지만 상상 이상으로 여성 손님이 적었다. 3주 동안 일하면서 혼자 온 여성 손님은 딱 한 명 볼 수 있었다. 남녀 커플이나 혼자 온 남성이 대부분이었다. 가게가 꽤 큰 편이고 손님은 많았지만 여성 손님은 잘 오지 않았다. '여자친구'에게 선물할 거라며 좋은 딜도나 바이브레이터를 추천해 달라는 남성 손님은 많았지만 말이다. 첫 딜도를 손에 쥐고 가슴 떨리는 오르가슴을 느꼈던 순간을 공유하고 싶었지만 가게에 오는 여성들은 드물었다. 난 그렇게 그 섹스샵에서 한 달쯤 일을 하다 그만 두었다. 일을 그만 둔 뒤 그곳에서 일하면서 원가에 장만한 여러 가지 섹스토이에 대한 후기를 블로그에 하나씩 올리기 시작했다. 하나둘씩 쌓여 가는 후기들을 보고 있으니 안 먹어도 배가 불렀다. 물건이

곧 바닥을 드러내자 나는 섹스토이를 협찬해 줄 섹스샵을 찾기 시작했다. 얼마 후, 내게 섹스토이를 1주일에 한 개씩 협찬해 주겠다는 섹스샵으로부터 연락을 받았다. 온라인샵과 오프라인샵을 같이 운영하는 업체였는데 섹스토이 후기 작업을 하면서 일요일마다 가게를 운영해 보면 어떻겠냐는 제안도 받았다. 어차피 일요일은 가게가 쉬는 날이니, 내 마음대로 가게를 운영해도 좋다는 말에 나는 선뜻 좋다고 대답했다. 거절할 이유가 없었다.

지금은 사라진 논현동의 한 섹스샵에서 나는 세 달 동안 매주 일요일 '은하선의 일요일'이라는 이름으로 여성 전용 섹스샵을 운영했다. 두 번의 오르가슴 세미나를 열어 여성들과 신나는 섹스 토크를 갖기도 했다. 다양한 성정체성과 경험을 가진 여성들이 와 주었고 재미있고 유익한 시간이었다. 섹스샵이라는 장소도 섹스 토크를 하기에 매력적이었다. 세미나에 참석한 여성들 중에는 처음 섹스샵에 와 본다는 여성들도 꽤 있었다. 딜도와 바이브레이터를 직접 켜 보고 만져 보며 모두들 즐거워했다. 또, 섹스토이를 접하기 어려운 여성들을 위해 대학축제, 퀴어문화축제에서 '움직이는 섹스샵'을 열기도 했는데, 정말 상상 이상으로 뜨거운 반응을 느낄 수 있었다. 그리고 여성들의 질문에 전문가와 같은 표정으로 자신 있게 대답하는 내 스스로가 그렇게 자랑스러울 수 없었다. 아, 이거 혹시 내 천직 아닐까.

한쪽 벽에는 내가 직접 써 본 믿을 수 있는 섹스토이들을 가져다 진열하고, 끈적거리는 음악을 들으며 여성들이 여유롭게 섹스토이를 쇼핑할 수 있는 공간을 만든다면 어떨까. 밤에는 간단한 술을 팔아도 좋겠다. 아, 정말 생각만으로도 흥분된다. 지금은 친구로 지내지만 한때 내 과외 선생님이었던 그녀가 내게 말했다. "너 고등학교 2학년 때였나. 갑자기 과외하다가 그런 말 했었어. 여성 전용 섹스샵 만들고 싶다고." 내가 그런 말을 했었나. 생각해 보니 했던 것같기도 하다. 아마 난 첫 딜도를 갖게 된 기쁨에 들떠 수학문제를 풀다가 그 말을 내뱉은 건 아니었을까. 지금까지 그 꿈을 이어오고 있는 걸 보면 나도 참 한결같단 말이지. 소나무가 따로 없네.

만약 계속 꿈꾼다면 언젠가는 가능하지 않을까. 섹스에 관해 여성들이 이야기할 공간은 여전히 너무나 적다. 섹스샵 자체도 너무나 매력 있는 공간으로 다가오지만, 굳이 내가 여성들을 위한 섹스샵을 욕망하는 이유는 거기에 있다. 여자들끼리 모여 섹스에 대한 각자의 다양한 경험들을 쏟아낼 수 있는 공간. 자신의 욕망과 몸에 대해 생각하고 나눌 수 있는 시간과 공간. 그 안에 내가 있었으면 좋겠다.

나에게 먼저 출간을 제안해 주신 도서출판 동녘의 이정신 씨, 이 책이 나올 수 있도록 나를 믿고 마음 속 이야기를 해 주신 네 명의 언니들, 내 글을 읽어 주고 응원해 준 친구 연화, 이 책에 대해 언제쯤 알게 될지는 모르겠지만 나를 세상에 있게 해 준 엄마, 고등학교 시절 유일하게 나의 섹스 이야기를 들어 주었던 지금은 하늘나라에 살고 있는 친구 애랑에게 고마운 마음을 보낸다. 그리고 마지막으로 나에게 힘을 주는 사랑하는 나의 그녀에게도 고마움과 함께 무한한 사랑을 전한다. 아, 그리고 진짜 마지막으로 오르가슴의 은사 내려 주신 주님께도 영광 올린다. 사랑해요, 주님.

11

차례

섹스한 게 잘못이야?

어리다는 이유로 난 섹스하고 싶다는 말을 할 수 없었고, 섹스하고 있다고 말할 수도 없었다. 물론 어리다는 것이 내가 먹는 욕을 가중시키는 역할을 했지만, 나이를 먹는다고 해서 그 시선에서 자유로워지는 것은 아니었다. 자신의 욕망을 내보이며 섹스를 하는 여성은 나이와 무관하게 욕을 먹는다. 나는 종종 '여자친구가 침대에서 너무 소극적이다. 내 여자친구를 설득해 달라'는 내용의 메일을 남성에게서 받는다. 오랜 역사 속에서 여자를 욕해 온 건 남성들이었다. 여자들은 섹스를 하면 쉽게 다리 벌렸다고 욕먹고, 섹스를 안 하려고 하면 이기적이라고 욕먹으며 살아왔다. 유전자 속에 깊이 내재된 이런 트라우마를 걷어 내기에 우리나라 여성운동의 역사가 너무 짧지 않나. 게다가 그 질문을 하는 남성들이 여성운동에 얼마나 일조했을지는 정말 모르겠다.

독하지만 맛있어서 마시기 좋은 술을 '레이디 킬러'라고 부른다. 여자를 금방 '훅' 가게 만들어 준다는 뜻이다. 이렇게 술 몇 잔으로 손쉬운 섹스 혹은 강간을 계획하는 남자들이 과연 진심으로 여성해방을 꿈꿀까. 섹스하고 싶은 여성을 설득할 능력도 없어서 나에게 메일까지 보내는 한심한 남성들이 과연 정말로? 섹스 경험이 많다는 것을 들키는 순간 따라붙을 꼬리표들에도 불구하고 맨정신으로 허리 흔들어 댈 여자가 얼마나 있겠나.

이런 이야기를 하면 꼭 이렇게 말하는 남자들이 있다. '나는 안 그런데.' 칭찬이라도 받고 싶은 그 마음 이해한다만 지금 이 순간에도 동네 호프집 구석에서 '여자 따먹은 이야기'를 무용담처럼 늘어놓는 남자들이 살아 있다. 시간의 업보를 조금이라도 덜어 내려면 옛 선조들과 저 남성들을 탓하는 게 좋을 거다. 섹스하고 싶어서 안달난 거 다 보이니까 애꿎은 여자들한테 몸의 욕망에 솔직하라는 헛소리 늘어놓으면서 위해 주는 척하지 말고.

내 이름은 '헤픈 년'

중학교에 들어가 두 학년 위의 같은 학교 선배 '오빠'와 처음으로 연애를 했다. 친구의 소개로 문자를 주고받던 우리는 기말고사가 끝나고 학교 교문 앞에서 만나 종로에서 첫 데이트를 했다. 분식집에 가서 쫄면에 김밥을 먹고 영화를 하나 봤는데 영화를 보는 도중에 오빠가 내 손을 잡았다. 딱히 싫지는 않아서 손을 빼지 않았고 그게 오케이 사인으로 보였는지 어느새 사귀는 사이가 되어 있었다. 그렇게 3개월쯤 만났을 때 영화를 보면서 처음으로 키스를 했는데 키스에 서툴렀던 오빠가 내 입술 전체를 침 범벅을 만들어 놓는 바람에 난감했다. 오빠와 난 지하철역에서 남들 몰래 키스를 하기도 하고 하루는 방과 후에 빈 교실 문을 잠가 놓고 서로의 목과 귀를 손과 입술로 더듬으며 놀기도 했다. 나를 껴안는 오빠의 바지춤이 살짝 부풀어 있었지만 그곳까지 더듬지는 않았다. 그리고 얼마 후 난 지금은 기억이 잘 나지 않는 이유로 오빠에게 헤어지자고 말을 했다.

　문제는 그 후였다. 오빠는 내가 자기와 '어떤 짓'을 했는지에 대해 동네방네 떠들고 다녔다. 자신과 키스까지 했으면서 헤어지자고 한다며 주변 사람들에게 말하고 다녔다. 얼마 지나지 않아 전교생 중에 오빠와 내가 어떻게 키스를 했는지 모르는 사람이 없을 정도가 되었다. 난 순식간에 키스까지 한 주제에 쉽게 헤어지자고 하는 '헤픈 년'이 되어 버렸다. 물론 오빠와 키스를 하며 남들에게 말하지 말라고 새끼손가락 꼬리 걸며 약속한 적은 없었다. 키스가 뭐 별거라고, 주변에 말을 할 수도 있지. 하지만 헤어진 뒤에 "우리 키스도 했었다. 키스도 했으면서 헤어지자고 했다"라고 말하고 다니는 건 전혀 다른 맥락 아닌가? 그는 놀이의 룰을 파악하기는커녕 기본적인 의리조차 갖추고 있지 않았다. 난 그 일을 겪으며 그와 정말 헤어지기 잘했다고 다시 한번 생각했다. 키스 폭로로 인해 타격을 입고 구설수에 오르는 건 오빠가 아니라 나였다. 아마 오빠는 알고 그랬을 거다. 그 뒤로 한참 동안 이별 노래 가사를 메일로 보내며 "잘 지내냐. 다시 만나보면 안 되겠냐"라는 연락을 해 왔던 걸 보면 내가 이미지 타격을 입고 오빠에게 돌아오길 바라는 야무진 생각을 가지고 있었던 것 같기도 하다. 텔레비전에서 유지태가 여덟 줄의 러브레터를 보낼 수 있다며 핸드폰 광고를 하던 때였다. 어느덧 그 시대가 지나고, 핸드폰으로 80줄, 아니 800줄의 러브레터도 보낼 수 있는 시대가 왔다. 하지만 나는 마치 데자뷰처럼 비슷한 일을 겪고 있었다. 남자들은 도대체 진화를 하지 않는 걸까.

그와 처음 만난 건 동아리 선배가 오로지 '재미'를 위해 잡아 주었던 소개팅에서였다. 그래, 그때 난 뭐 재미있는 일 없나 하고 두리번거리던 대학 신입생이었다. 선배가 그에게 내 핸드폰 번호를 넘겨주었다고 말한 바로 그날부터 그에게 쉴 새 없이 문자가 오기 시작했다. '밥은 먹었어요?', '어제 당신 꿈을 꿨어요', '언제쯤 우리 볼 수 있을까요'. 마치 꽤 오랜 시간을 간절하게 연애하다가 사정이 있어 멀리 떨어진 연인처럼 그의 문자는 애처로웠다. 그때 충분히 난 심심했고 그의 문자는 나름 '재미'있었다. 종로의 작은 카페 2층에서 처음 만난 그와 나는 차가운 커피를 두 잔 시켜 놓고 많은 이야기를 나눴다. 지방 어느 대학에서 의상 디자인을 전공하다가 동대문에서 옷 장사를 해 보고 싶어 학교를 그만두고 서울에 올라왔다는 그는 포부에 가득 찬 청년이었다. 언젠간 자기 가게를 내겠다며 반짝이는 눈으로 날 바라보는데 그래, 느낌이 그리 나쁘지는 않았다. 그와 종로에서 인사동까지 걸어 다니며 구경을 하다가 맥주를 한잔하러 이태원 근처로 자리를 옮겼다. 이미 밖이 꽤 어둑해졌을 때였다. 맥주를 두 잔 쯤 마신 그는 이제 너무 늦어 집에 가야겠다는 내게 끈적이는 눈빛을 보내며 말했다.

"나는 이리저리 돌려 말하는 거 못해. 내일 아침에 우리 집에나 깨우러 올래? 밤새 네가 보고 싶을 것 같아."

피곤하게 내가 그쪽 집에 아침부터 왜 가냐, 어쨌든 난 지금 집에 가야겠으니 나중에 연락하자. 꽤 매몰차게 그 자리를 박차고 나왔던 나였지만 다음 날 아침, 그의 집에 가 있었다. 그는 잠옷 바지 차림으로 나를 반겼다. 저녁에 일을 해야 되니 낮에는 잠을 자두어야 된다며 그는 침대에 바로 누웠고 나는 얌전히 책상에 앉아 인터넷 서핑을 하고 놀았다. 30분 쯤 지났을까 낮은 목소리로 그는 아무 짓도 안 하고 안고만 있을 테니 같이 누워 있으면 안 되겠냐 물었다. 정말로? 그는 아무것도 모르겠다는 표정으로 고개를 끄덕였다. 그의 손길은 거부하기엔 너무나 부드러웠고 그의 그곳은 크고 아름다웠다. 내 안으로 파고드는 그의 그곳은 참 두껍고도 길었다. 와, 내가 또 언제 이렇게 큰 남자를 만나 보겠어. 나란 녀석 운이 좋구나.

그날 이후 그는 밤에는 동대문에서 일을 하고 일을 마침과 동시에 우리 동네로 달려왔다. 한참을 엉켜서 섹스를 하다 보면 어느새 지쳐서 잠이 들었다. 밤을 새고 일한 다음 정신없이 섹스까지 했으니 20대 한창인 청년이라도 지치는 건 당연했다. 그에 비하면 밤새 푹신한 침대에서 자고 샤워까지 말끔하게 마치고 나와 오르가슴에 몇 번씩이나 오른 난 점점 사골국물처럼 뽀오얗게 피어났다. 즐거운 마음으로 잠든 그의 곁에 누워 볼륨을 최대한으로 줄이고 텔레비전을 보고 있는데 핸드폰 진동이 울렸다. 그와 소개팅을 시켜 준 선배였다. 고마운 마음에 밝은 목소리로 전화를 받았는데 선배가 소리를 질렀다.

"너 걔랑 잤다며, 만난 지 며칠이나 됐다고 벌써 자? 정신이 있어? 걔가 나한테 너랑 잤다고 자랑하더라. 너 따먹었다고."

뭐? 따먹었다고? 이봐. 그렇게 말하고 다니면 조금 곤란하지요. 기분이 상해서 곤히 자는 그를 모텔에 남겨 두고 조용히 빠져나왔다. 크고 아름다웠다. 잘 살아라. 아듀. 눈물을 머금고 그래, 그렇게 집으로 왔다. 집에 온 지 몇 시간이 지나지 않아 그에게 전화가 왔다.

"너 뭐야? 나만 남겨 두고 가는 게 어디 있어?"

"더 이상 안 만나는 게 좋을 것 같아서."

"그게 대체 무슨 말이야?"

"선배한테 이야기했다며? 나랑 잤다고 자랑했다고 선배가 그러더라. 그런 말 쉽게 하고 다니는 사람이라면 더 이상 만나고 싶지 않아. 게다가 같이 즐겨 놓고선 따먹었다니, 정말 어이가 없다."

그러자 그는 자기가 더 어이없다며 코웃음을 쳤다.

"따먹은 거 맞잖아. 즐기긴 뭘 즐겨. 네가 아무리 그렇게 우겨 봐라. 사람들이 들어 주나. 길 가는 사람 붙잡고 물어봐. 내가 너 따먹은 거라고 하지. 세상 아직 네가 생각하는 것 같지 않아. 쉽게 다리 벌린 헤픈 년이 어디서 잘났다고 큰소리는 큰소리야."

눈물이 나올 것 같았지만 꾹 참고 전화를 끊었다. 그 뒤로 더 이상 그와 연락하지 않았다. 그도 내게 연락하지 않았다. 딱 한 번, 오후 다섯 시쯤 문자가 온 적은 있었다. '자니?'라고. 그를 내게 소개시켜 주었던 선배와도 자동으로 연락이 끊겼다. 내가 무슨 잘못을 했다고 이런 기분 나쁜 말을 들어야 되는 건지 알 수가 없었다. 잘못이 있다면 인생 재미있게 살아 보려고 했다는 것, 섹스를 좋아한다는 것. 단지 그것뿐. 한 가지 더 꼽자면 보지 달린 여자로 태어났다는 것. 아마 나는 지금도 그 남자의 술자리에서 안줏거리로 씹히고 있을 것이다.

섹스를 하고도 안 한 척 하는 여자들을 보고 남자들은 이렇게 말한다. '내숭' 떤다고. 섹스에 대해서 당당하게 말할 줄 아는 여자가 매력적이라고. 당당 좋아하고 있네. 그건 자신이 소문의 주인공이 되어 보지 않아서 하는 속 편한 소리다. 같이 즐겼다고 생각했는데 어느 순간 자신이 '헤픈 년', '걸레'로 불리고 있을 때의 그 배신감과 치욕스러움은 겪어 보지 않고는 모른다. 이런 일을 겪고도 당당하게 '나 섹스했다. 그래, 어쩔래?'라고 말할 수 있는 여자는 그렇게 많지 않다. 대부분의 여자들은 저 상황에서 쉽게 다리 벌린 자신을 자책하며 몸을 사린다. 섹스를 했어도 안 한 척, 잘 모르는 척. 그걸 보고 남자들은 '내숭'이라 부른다. 여자들이 왜 '내숭'을 떨게되었는지에 대해서는 전혀 생각하지 않고, '순진한 얼굴로 내숭 떨길래 섹스도 안 해 본 줄 알았더니 완전 속았잖아'라며 여자 탓을한다. 섹스를 안 해 본 여자를 굳이 원하는 그 검은 속내가 참 궁금하다만.

어쨌든 여기서 만약 '뭐야, 너도 처음 아니잖아'라고 말하면 여자는 바로 오늘밤 술자리 안줏거리로 등극한다. 이 관문에서도 무사히 살아남는 방법은 하나다. 정말 '사랑'해서 한 섹스였음을 강조할 것. 하고 싶어서 섹스를 한 게 아니라 정말로 사랑해서 그에게만 몸을 '허락'했었다고 말할 것. 그래야만 여자는 무사히 다음 문으로이동할 수 있다. 이 각본에서 벗어나는 순간 '헤픈 년'이 되어버린다는 사실에 많은 여자들은 불안에 떤다. 그렇다고 저 관문을 무사히 통과한 여자들이 평생 '헤픈 년'으로 불리지 않을 수 있는 골든카드를 손에 쥘 수 있는 건 아니다. 저 관문은 시작일 뿐이다. 눈치챘겠지만 사실 섹스를 했는가, 안 했는가가 술자리 안줏거리 등극의 필수 조건은 아니다. 키스만 했든 애무까지만 했든 섹스도 했든 그런 건 하나도 중요하지 않다. 키스까지만 했어도, 아니 키스를 안 했어도 여자들은 욕을 먹는다. 여자라는 이유 하나만으로 언제든지 '헤픈 년'이 될 수 있다. 여자로 태어난 게 잘못이다.

많은 한국 남성들의 호응을 받았던 영화 〈건축학개론〉을 보자. 음대생 서연에게 반했지만 말도 못하고 따라만 다니던 숫기 없는 승민. 승민은 서연이 자취방에 자신이 아닌 남자를 들였음을 알게 된다. 서연과 그동안 '썸'을 탄다고 생각해 왔던 승민은 뒤통수를 맞은 기분에 서연을 '쌍년'이라 욕한다. 그리고 영화를 보던 남자들은 승민에게 감정 이입을 하며 서연을 '쌍년'이라 같이 욕한다. 여기서 서연의 마음 같은 건 중요하지 않다. 서연이 승민과 정말로 썸을 탔는지, 그저 친한 친구로 생각했는지 같은 건 그들의 관심사가 아니다.

서연이 승민에게 잘못한 점을 굳이 따지자면, 단지 승민과 섹스를 하지 않고 다른 남자를 자취방에 들였다는 것, 어쩌면 그 남자와 섹스를 했을지도 모른다는 것이다. 하지만 서연이 정말 자취방에 들인 다른 남자와 섹스를 했는지조차도 확실하지 않다.

이 영화가 나온 뒤 여자들은 '헤픈 년' 트라우마에 하나 더 얹어 '쌍년' 트라우마까지 짊어지게 되었다. 여자라면 누구나 언제든 '걸레', '헤픈 년', '쌍년'이 될 수 있다는 사실을 받아들이는 편이 차라리 더 살기 편할 정도다. 그러나 많은 여자들은 아직도 어떻게든 안줏거리가 되지 않기 위해 관문 통과 각본을 익힌다. 왜냐고? 무서우니까.

상황이 이러니 남자들은 '나도 남자로 살기 힘들어. 여자들은 아무것도 안 하려고 해. 매번 내가 리드하는 것도 힘들어 죽겠다 니까. 여성인권 중요하다면서 정작 침대에선 왜 이렇게 가만히 있는 거야!'라며 투덜거린다. 당연하지. 섹스했다는 걸 들키는 순간 저 많은 꼬리표가 달라붙는데 맨정신으로 허리를 흔들 여자가 몇이나 되겠나. 가끔 남성 독자들에게 이런 내용의 메일이 오기도 한다. "여자친구가 너무 침대에서 소극적이다. 내 여자친구한테 여자로서 섹스의 즐거움에 대해 말해 달라." 심지어 나를 붙잡고 "남자들 섹스 이야기도 좀 들어 달라"라고 하소연하는 남자들도 있다.

오랜 역사 속에서 섹스한 여자들을 '헤픈 년', '걸레'로 만들어 온 건 남자들이다. 여성들의 유전자 속에 깊이 내재된 트라우마를 전부 걷어 내기엔 우리나라 여성운동의 역사가 너무 짧지 않나. 그 시간들은 깡그리 무시하고 투덜거리기만 하면 정말 답 없다. 옛 선조들이 여자들에게 '순결함'을 강조하며 쌓아 온 시간의 업보를 이 시대 남자들은 온전히 물려받은 거다. 게다가 아직까지도 동네 호프집 저 한구석에서 자신에게 다리 벌려 준 여자 따먹은 이야기를 무용담처럼 늘어놓는 남자들이 살아 있다. 시간의 업보는 지금 이 순간에도 누적되고 있다는 뜻이다.

시간의 업보를 조금이라도 덜어 내려면 옛 선조들과 아직도 바퀴벌레처럼 살아남아 여자들을 씹고 있는 저 남성들을 향해 욕을 한바가지 퍼부어 주는 편이 좋을 거다. 그런데 그 답답함을 이제 겨우 섹스라는 단어를 옹알이하듯 입에서 내뱉기 시작한 여자들한테 털어놓다니 정말 어이가 없다. 남자로 살기 힘든 거 알겠지만 여자들이 그 말들을 들어 줘야 할 의무는 없다. 아무리 힘들어도 아직까진 여자로 사는 것보다는 남자로 사는 게 편하거든. 대체 누구더러 누굴 걱정하라는 거냐.

지금까지 '쌍년'이 되지 않기 위해 '내숭' 떠는 여자들이 존재하는 이유에 대해 이야기 해 봤지만, 저렇게 애쓰며 사는 걸 권장하고 싶은 건 아니다. 너무 답답하지 않은가. 저렇게 눈치 보면서 살기엔 세상은 너무 아름답고 섹스는 너무 재미있다. 차라리 난 이렇게 외치면서 건강하게 오래 살련다.

"그래, 나 쌍년이다. 그래, 나 걸레다. 그래, 나 헤픈 년이다. 그래, 나 섹스 좋아한다. 그래서 어쩔래?"

내
이름은
「헤픈
년」

소녀,
응급피임약을
먹다

소녀, 응급피임약을 먹다

쿠퍼액Cowper's fluid, 남성이 성적으로 흥분할 때 자지에서 분비되는 소량의 액체로, 소량의 정자가 들어 있어 쿠퍼액만으로 임신을 하는 경우가 간혹 있다에도 올챙이들이 살아 있다는 사실을 내가 모를 리 없었다. 무슨 일이 있어도 피임을 해야 한다는 이 중요한 사실을 내가 까먹어 버리다니. 이제 어쩌면 좋지? 눈 뜨고 보니 이미 섹스를 하고 난 상태였고. 그러니까, 나의 첫 섹스에 콘돔은, 없었다. 어쩌다 그걸 까먹은 건지, 아니, 나는 그렇다 치고 이 '오빠'는 대체 뭐야? 그때부터 나는 대학에 갓 들어간 새내기 오빠의 손을 부여잡고 협박 아닌 협박을 하기 시작했다. 중학생 여자애 임신시켰다고 소문나면 어떻게 될 것 같으냐, 지금 엄청 심각한 상황인 거 아니냐? 그러자 오빠는 내 눈을 쳐다보며 이렇게 말했다.

"내 친구도 여자친구랑 피임 안 하고 매번 섹스하는데 임신 한

번도 안 하더라. 피임 그거 생각처럼 중요한 거 아니라던데? 예민하게 굴지 마. 괜찮을 거야."

한숨만 나왔다. 대학생이 이 모양이라니. 참 대학이라는 곳, 별거 아니구나. 햇볕이 쨍쨍 내리쬐는 뜨거운 여름날이었다. 내 마음도 여름 날씨처럼 그렇게 점점 타들어 갔다. 산부인과에 가 봐야겠다는 내 말에 오빠는 잠깐만 기다리라며 약국에 다녀오겠다 말했다. 얼마 후 돌아온 오빠의 손에는 임신 테스트기가 들려 있었다.

"1주일 뒤에 테스트하면 임신했는지 안 했는지 알아볼 수 있대. 일단 1주일 편하게 있다가 테스트해 보면 될 거야."

지금, 농담하는 거죠? 아니, 내가 언제 테스트기 필요하댔어? 속편하게 1주일 동안 기다리다가 임신했는지 아닌지 테스트 하라고? 됐어. 넌 따라오지 마. 난 산부인과 가서 응급피임약 처방받을 거라고! 그렇게 그의 손을 뿌리치고 거리로 나와 산부인과를 찾기 시작했다. 근처에서 가까운 산부인과를 찾는 일은 그리 어렵지 않았다. 산부인과 간호사는 나에게 무슨 일로 왔냐고 물었다. 응급피임약을 처방받으러 왔다고 말하자 나를 위아래로 훑어보기 시작했다.

"저기 앉아서 잠시 기다리세요."

진료실에 들어가 간호사가 내 차트를 의사에게 건네자 "나이가 어리네, 혼자 왔어?"라고 묻는 소리가 들렸다. 소파에 앉아 기다리자 잠시 후 의사 선생님이 내 이름을 불렀다. 의사 선생님은 나이도 어린데 어쩌다 섹스를 했냐며 나를 나무랐다. 그리고 몇 가지 사적인 질문을 하기 시작했다. 누구랑 섹스를 했는지, 남자친구는 나이가 어떻게 되는지, 어쩌다 산부인과에 혼자 오게 됐는지. 그리고 어릴 때 임신이라도 했다가 '낙태' 수술을 하면 나중에 아이를 갖고 싶어도 못 갖는다며 앞으로 조심하라고 말했다. 피임을 제대로 하지 않았다면 제대로 된 피임법을 가르쳐 주는 게 의사로서의 의무가 아닌가? 나이 어리면 섹스도 못 하나? 아니 그리고, 이미 한 걸 어쩌라고? 의사 선생님은 혹시라도 약을 토하게 되면 한 알 더 먹으라는 말도 덧붙였다. 약 먹고도 임신하는 경우도 가끔 있으니까 다음 생리 시작할 때까지 지켜보라는 말도 함께. 운이 좋게도 약의 부작용은 없었고 '다행'히도 임신은 하지 않았다. 어리면 눈치 보여서 산부인과도 마음대로 못 가는 건가? 몸을 알아서 못 챙기면 여자가 칠칠맞게 제 몸 하나도 못 챙기느냐고 할 거면서 내 몸 알아서 챙기겠다는데 뭐 그리 오지랖인지. 이해를 할 수가 없었다.

슬프게도 10대 소녀의 산부인과 '봉변'은 여기서 끝이 아니었다. 어느 날인가부터 팬티에 걸쭉한 질 분비물이 묻어나기 시작했다. 인터넷을 찾아보니 질염인 것 같았다. 다행히 심각한 건 아닌 듯 했지만, 혹시 모르니 산부인과에 가 보는 게 좋을 것 같았다. 비치된 잡지를 읽으며 내 순서를 기다리는데 같이 기다리던 중년 여성분이 나에게 말을 걸어왔다.

"어린 학생이 어쩌다 이런 곳에 왔어? 요즘 어린 학생들도 낙태 수술 그거 많이 하러 이런 데 오더라고. 세상이 말세야. 학생은 딱 보니까 그런 것 같지는 않아 보이는데? 얌전해 보이는데? 어쩌다 이런 데 왔어?"

대충 웃음으로 얼버무리며 생리가 늦어져서 왔다고 말했다. 질에 염증이 있어 왔다고 말하면 섹스 경험이 있는 '까진' 10대로 보일까 봐 걱정됐으니까. 단순한 질염이라고 해도 호들갑부터 떠는 게 바로 어른들이니까. 그때 나는 섹스를 하면서도 섹스 경험이 있다는 사실을 철저히 숨기고 있었다. 섹스를 하는 10대 여성이란 '까졌'거나 '이용'당하거나 둘 중 하나로 보이기 십상이었으니 굳이 솔직할 필요는 없었다.

감추는 것만이, 모르는 척하는 것만이 최고의 해결책일 리는 없었으나, 확실하고 유일한 대책임에는 틀림없었다. 어쩌면 섹스를 한다는 사실만 가지고는 그다지 관심받지 않았을지도 모른다. '어른'들이 가장 우려하는 건 임신일 테니까. 임신만 하지 않으면 섹스를 하건 뭘 하건 별로 관심 없는 존재들이 바로 어른들이니까. 그래, 임신만 하지 않으면 되지. 조심하면 별일 없을 거야.

학교에서 '8반에 걔 있잖아? 머리 길고 예쁘장한 애, 걔가 낙태를 했대'라는 소문이 들리기 시작했을 때도 마찬가지였다. 나는 모르는 일이었고, 나와는 상관없는 일이었다. 그런 이야기를 들으며 나는 속으로 비웃었다. '멍청하네. 피임도 제대로 안하고, 아니 섹스를 할 거면 조용히 하든지, 소문 다 나는 동안 뭐하고 다녔대.' 그리고 또 속으로 생각했다. '나도 조심해야지.'

그야말로 분열의 시기였다. 운이 좋아서 임신을 하지 않았을 뿐이고 섹스와 임신은 전혀 관계없는 단어가 아닌데 나는, 마치 임신하지 않은 게 엄청난 벼슬이라도 되는 것처럼 원하지 않은 임신을 한 아이를 비웃었다. 산부인과에서 우연히 '낙태' 수술하러 온 나와 비슷한 나이로 추정되는 여자아이를 만났을 때도 왠지 더 당당했다. 그래, 난 적어도 임신하지는 않았으니까. 요즘 애들은 피임도 안하나? 촌스럽게 임신을 하고 그러는 거야. 내가 '운'이 좋아서 임신하지 않았을 뿐 섹스와 임신은 결코 관계없는 단어가 아니라는 것을 '정말로' 깨달았을 때도 이 알 수 없는 분열은 끝나지 않았다. 아마 눈치 보지 않고 섹스를 할 수 있는 나이가 될 때까지 지속되었던 것 같다.

아니, 사실은 내가 그 원하지 않는 임신의 당사자가 되어서야 멈출 수 있었다. 고백하자면 난 철저하게 피임을 하는 타입이 아니었다. 처음 섹스를 했을 때는 응급피임약을 처방받아 먹을 만큼 나름 철저했으나, 생각처럼 쉽게 임신이 되지 않는다는 사실을 몸으로 경험하게 된 뒤로는 콘돔 없이 섹스를 하는 날들이 늘어갔다. 심지어 생리 기간에는 질 안에 사정하는 것을 '허락'하기도 했고 생리를 할 때가 가까워졌을 때는 당연한 듯이 콘돔을 쓰지 않았다. 매달 생리가 조금만 늦어져도 불안했으나 극도의 불안감 뒤에 오는 안정감을 즐기기도 했다.

두 시간씩 피스톤 운동을 하고도 사정을 힘들어하는, 이른바 지루 증세가 있는 남자를 만난 뒤로는 더 콘돔을 쓸 수 없게 됐다. 그는 콘돔을 끼고서는 사정을 하지 못했고, 나에게 피임약을 권했지만, 안타깝게도 난 나에게 맞는 피임약을 찾을 수가 없었다. 어떤 약은 여드름 폭탄을, 어떤 약은 하혈이라는 부작용을 가져다주었다. 그는 나를 만나기 전에 만났던 다른 여자들은 피임약을 먹었다며 나에게 유난스럽다고 말했다. 물론 피임약과 콘돔이 아닌 다른 피임 방법도 있다. 하지만 루프와 같은 피임 시술까지 하고 싶지는 않았다. 콘돔을 쓰는 것도 싫어하는 그가 정관 수술을 할 리는 더

욱 없었다. 나중에 자기 아이를 꼭 낳고 싶어 했던 그에게 정관 수술은 돌아올 수 없는 강을 건너는 것과도 같았다. 피임약 부작용을 겪는 나에게 유난하다고 말했던 그였지만 자기 몸만큼은 끔찍하게 아꼈다.

콘돔만큼 쉬운 피임법이 없다고 아무리 말을 해도 통하지 않았다. 직접적인 성기 삽입으로 사정이 어려우면 콘돔을 끼고 하다가, 나중에 손이나 입으로 사정을 유도하는 방법도 있었으나 그는 보지를 통해 사정을 하고 싶어 했다. 게다가 지루증이 워낙 심해서 입으로 30분 넘게 정성껏 빨아도 사정을 하지 못했기 때문에 지쳐서 도중에 포기하는 건 나였다. 별다른 방법이 없었다. 콘돔을 끼지 않으면 섹스를 하지 않겠다며 강력하게 '섹스 파업'을 선언할 수도 있었겠지만 그와의 섹스는 임신의 공포를 뛰어넘을 만큼 황홀했다. 이미 흥건하게 젖은 보지를 외면하고 콘돔 없이는 섹스를 하지 않겠다고 말을 하기란 어려웠다.

그는 임신하면 책임지겠다며 걱정하지 말라고 했지만 뭘 책임지겠다는 건지 알 수가 없었다. '결혼'을 해서 아이의 양육비를 부담하는 것을 '책임'이라고 생각하는 것 같았다. 여자가 계획하지 않은 임신을 했을 때 발생하는 여러 가지 경우의 수는 그가 상상할 수 있는 영역 밖이었다. 만나는 내내 그렇게 피임 없이 골 때리는 섹스를 했으나 운 좋게도 임신은 한 번도 하지 않았다.

문제는 그 다음이었다. 콘돔 없이 하는 섹스에 너무나 익숙해져있던 나는 다른 남자를 만난 뒤에도 너무나 당연한 듯이 콘돔을 쓰지 않았다. 그래도 정말 그렇게 쉽게 임신이 될 줄은 상상도 못

했다. 섹스나 제대로 했으면 덜 억울하지. 허리도 움직일 줄 모르는 남자를 만나는 바람에 잠깐 넣었다 뺀 게 전부였다.

평소에 생리가 규칙적인 편이라 임신했다는 사실은 비교적 빨리 알아차릴 수 있었다. 섹스했던 날짜를 계산해 보니 겨우 임신 3주차였다. 무려 아기집도 보이기 전이라 의사 선생님은 나에게 1주일 뒤에 다시 오라고 했다. 1주일 뒤에 다시 갔지만 아직도 아기집은 보이지 않았고 더 정확한 진단을 위해 피 검사를 했다. 피 검사 결과, 임신호르몬 수치는 증가하고 있었다.

이제 나는 어떻게 해야 하나. 섹스를 했던 남자와는 이미 헤어신 지 1주일이 지난 뒤였다. 잠깐 만났지만 잘 맞지 않는 것 같아 난 그에게 헤어지자고 했고, 그는 그런 내게 다시 만날 수 없겠냐고 연락을 해오던 상황이었다. 하지만 임신했다고 말한 순간, 상황은 순식간에 뒤바뀌었다. 나는 그의 눈치를 보면서 아이를 지우라고 하면 어쩌지, 책임지지 않으려고 하면 어쩌지 하고 불안감에 떨고 있었다. 내 말을 들은 그는 놀랍게도 내게 결혼하자고 말을 했다. 아이를 내 마음대로 지우면 신고를 할 거라는 등 아이 아빠로서의 권리를 주장했다. 뭔가 기분이 석연치는 않았지만 동시에 이 남자, 내빼지는 않겠구나 싶어 다행스러웠다.

그러나 며칠 지나지 않아 그는 처음과는 전혀 다른 입장을 취했다. 내 아이라는 증거가 어디 있느냐, 너 같이 까진 여자를 내 아이의 엄마로 둘 수 없다, 정 낳고 싶으면 낳아서 아이만 나에게 줘라, 아이 낳고 나면 몸이 얼마나 상하는 줄 아느냐, 지금은 임신이라고 해서 만약 서둘러 결혼을 한다고 치자, 알고 보니 자궁외임신이거나 자연유산이라도 되면 어쩔래, 네가 내 인생 책임질래, 지금 일단 아이를 지우고 나면 내가 미안한 마음에 너에게 더 잘해 줄지 누가 아느냐 등등 별의별 소리를 다 들어야 했다.

자신이 돈을 댈 테니 한국에서 어려우면 해외 원정 유산이라 도 하러 가라던 그는 결국 병원에 가서 초음파로 아기집을 직접 지기 눈으로 보고 직접 귀로 아기 심장 소리를 듣기 전까진 돈을 한 푼도 줄 수 없다는 강경한 입장을 보이기에 이르렀다. 임신한 척하고 자기 돈을 뜯어내려고 하는지 어떻게 아냐고 묻기까지 했다. 그러더니 갑자기 연락을 끊었다. 정말 어이가 없었다.

몇 주가 더 지나 아기집이 보일 때도 됐건만, 여전히 아기집은 보이지 않았다. 동네 산부인과에서 자궁외임신일 수 있으니 큰 병원에 가서 검사를 해보라 하기에 큰 병원에도 가 보았지만 자궁외임신은 아닌 것 같다고 했다. 임신중절 수술을 하려고 해도 아기집이 보이질 않으니 할 수도 없었다. 의사는 이러다가 자연유산이 되는 경우도 있으니 더 기다려 보라고 했다. 며칠을 괴로워하다가 나는 하혈을 하기 시작했다. 의사 말대로 자연유산이 된 것이다. 힘들고 또 힘들었지만 그에게선 연락 한 번 오지 않았다. 내가 당사자가 되기 전까진 몰랐다. 이런 드라마에서나 볼 만한 일이 나에게 일어날 거라곤. 원하지 않는 임신은 누구에게나 찾아올 수 있는 거였다. 다만 그동안 나는 피임도 제대로 안 했던 주제에 정말 운이 좋았을 뿐이었다.

'낙태'한 여성을 비난하며 '낙태'를 반대하는 사람들은 말한다. 도덕적이지 못하다고. 좋아서 섹스해 놓고 책임감이 없다고. 임신중절 수술을 결심하는 여성들은 '생명의 중요성'을 모르거나 책임 감이 특별히 결여된 사람들이 아니다. 다만, 낳아서 키울 수 있는 여건이 안 되는 것뿐이다. 결혼한 남녀도 아기를 낳아서 키우기 쉽지 않은 세상이다. '워킹맘'이라는 단어는 있지만 '워킹파더'라는 단어는 없다. 이 시대의 여성은 일도 하면서 육아에 살림까지 떠맡아야 한다. 그야말로 슈퍼파워우먼. 이런 세상에서 임신한 미혼 여성이 혼자 아이를 낳아서 키우길 바란다니. 사람들 참 양심도 없다. 미혼 여성이 아이를 낳았을 때 받게 되는 사회적 시선은 굳이 여기서 내가 길게 말하지 않아도 다들 잘 알 거다. 자기가 낳아 줄 것도, 길러 줄 것도 아니면서 대체 무슨 자격으로 그렇게 쉽게 비난하는 건가.

2012년에 보건당국이 경구피임약을 처방전 없이는 약국에서 구매할 수 없도록 하고, 사후피임약은 약국에서 구매할 수 있도록 하는 의약품 재분류 방안을 내놓은 적이 있었다. 경구피임약의 경우 혈전증과 같은 심장 및 혈관계 부작용을 일으킬 수 있기 때문에 의사와의 상담이 필요하다는 이유에서였다. 그에 비해 사후피임약은 오랜 기간 정기적으로 복용하는 것이 아니라 부작용이 적기 때문에 약국에서 손쉽게 구매할 수 있도록 하겠다고 주장했다.

경구피임약은 20세기를 빛낸 획기적인 발명품으로 선정된 적이 있을 정도로 여성들에게 커다란 변화를 가져다주었다. 콘돔에만 피임을 의지하며 거의 남성들에게 피임을 구걸할 수밖에 없었던 여성들은 경구피임약 덕분에 스스로 출산을 조절할 수 있었다. 1960년대 처음 경구피임약이 시판되었을 때 부작용에 대한 논란이 있었고, 제약회사가 여성의 몸을 가지고 장난친다는 비판도 잇따랐다. 그러나 잘만 챙겨 먹으면 거의 99퍼센트에 가까운 피임 확률을 가져다주었기 때문에 금세 유행처럼 번졌다. 현재 전 세계적으로는 약 1억 명의 여성들이 경구피임약을 복용하고 있는 것으로 알려져 있다. 한국에도 경구피임약이 놀라운 속도로 빠르게 자리를 잡았다. 한국에서 경구피임약 도입을 검토하던 1966년은 산아제한정책이 꽃을 피우던 시기였다. 일본이 1999년이 되어서야 경구피임약의 시판을 허용한 것과 비교하면 정말 놀라울 정도로 빨랐다.

국가에서 퍼트린 '덮어 놓고 낳다 보면 거지꼴을 못 면한다'는 슬로건은 반半강제적이었다. 아이를 둘 이상 낳는 여성은 가정에 대한 책임감이 없는 것처럼 취급했다. 국가는 여성들에게 루프시술을 적극적으로 권장했고 가족계획을 위해서라면 낙태라도 해야 한다는 담론이 지배적이었다. 2년간의 임상연구를 거친 뒤에 1968년부터 경구피임약은 한국 여성들에게 보급되었다. 부작용을 호소하는 여성들에게 정부는 '마음 자세'를 탓하며 극복할 것을 요구했다. 오로지 자신들의 성공적인 사업을 위해서 여성들의 몸을 이용했던 정부였다. 여성들의 건강이나 안전은 중요하지 않았다. 경구피임약이 빠르게 뿌리를 내리던 1968년에도, 피임약 재분류 논란이 일었던 2012년에도 여성들의 목소리는 고려의 대상이 아니었다.

자신이 원하지 않는데도 콘돔을 거부하는 남성 때문에 약으로 피임을 해야 하는 경우는 분명 문제가 있지만, 콘돔이 아닌 경구피임약으로 피임을 하고 싶어 하는 여성들도 분명히 존재한다. 피임약을 구매하건 구매하지 않건 그것을 선택하는 것은 여성이고, 구매를 원할 때는 언제든 손쉽게 구매할 수 있어야 하는데 오히려 더 불편하게 만들겠다니 정말 자기들 마음대로다.

여성단체들은 이에 대해 앞다퉈 성명서를 발표했다. 사후피임약을 손쉽게 구매할 수 있게 하겠다는 것은 환영할 만한 일이지만, 경구피임약이 전문약이 되면 피임약에 대한 접근성이 떨어지기 때문에 여성의 임신 결정권을 빼앗는 것과 마찬가지라는 내용의 성명서였다. 하지만 천주교를 비롯한 종교계는 피임약을 또 다른 낙태 수단으로 보고 생명윤리의 측면에서 두 가지 피임약을 전부 처방전 없이 구매할 수 없도록 해야 한다고 주장했다. 심지어 "응급피임약을 처방하고 구매하는 것은 낙태와 같은 악행"이라는 교황청의 입장을 가져오기도 했다. 각계의 입장이 엇갈리자 결국 보건 당국은 원래대로 경구피임약은 처방전 없이 약국에서, 사후피임약은 처방전이 있어야만 구매할 수 있도록 하기로 결정했다.

나는 이 사태를 지켜보면서 많은 생각이 들었다. 피임약이 낙태약이라니, 낙태와 같은 악행이라니! 그럼 여성은 성폭행을 당했을 때도 응급피임약을 먹지 말아야 되고, 원하지 않는 임신을 했을 때도 생명은 소중하니까 웃으면서 무조건 아이를 낳아 눈물로 키우라는 건가! 보수적인 종교계의 입장이라고 웃어넘기기에 대한민국에서 종교계의 힘은 막강하다. 정치인들이 선거를 앞두고 종교계 행사에 얼굴을 비추는 것은 그만한 이유가 있다. 선거의 승패를 쥐고 흔드는 것이 가능할 정도로 종교계의 힘은 거대하다. 나처럼 이름 없는 페미니스트가 백날 방구석에 처박혀 머리를 쥐어짜내 글을 써 봤자 씨알도 안 먹힐 만큼. 그래도 난 쓸 거다. 여성에게는 원

소녀, 응급피임약을 먹다

하지 않는 임신을 했을 때 임신중절 수술을 할 권리도, 피임약을 먹을 권리도, 산부인과에 부담 없이 드나들 권리도 있다고. 누구도 그 결정을 비난할 수 없고 비난해서도 안 된다고. 몸으로 직접 겪고 난 뒤 난 확실히 알 수 있었다. 남성과의 섹스를 하는 여성에게 임신과 피임에 관한 문제만큼 중요한 것은 없다는 것을. 미혼모에 대한 낙인은 결혼을 하지 않은 상태에서 섹스를 하는 여성에 대한 손가락질과 같은 선상에 있다는 것을. 결혼을 하지 않고 아이를 낳은 여성도 임신중절 수술을 한 여성도 모두 비난받지만, 그 비난은 남성에게까지 가닿지 않는다. 그렇기 때문에 임신과 피임은 무엇보다 절실한 '여성' 문제이다.

　내가 그 난리를 겪는 동안 연락 한번 하지 않았던, 나를 임신시켰던 그 남자의 얼굴은 몇 년 뒤에 '카카오톡' 친구 추천 목록에서 다시 볼 수 있었다. 내 핸드폰에선 이미 그의 연락처가 지워진 지 오래였는데 그는 내 연락처를 고이 간직하고 있었나 보다. 부디, 네 인생 평안하기를 바란다.

참고 기사

'커버스토리 피/임/약/40/년', 〈주간동아〉 292호
'긴급피임약 ➡ 일반약, 사전피임약 ➡ 전문약 된다', 〈한겨레〉, 2012년 6월 7일자

주님이
섹스하지
말래?

마음에 드는 남자와 만나면 자꾸만 하고 싶어져서 몸이 꼬이는 탓에 일단 섹스부터 하고 봤다. 어서 빨리 저 품에 안겨 봤으면 하는 마음에 눈이 살짝 풀리고 아랫도리가 움찔하는 것을 웬만한 남자들이라면 전부 알아차렸다. 남자가 알아차리지 못하면 내가 덤벼들었다. 그 드넓은 가슴에 한번 포옥 안길 수만 있다면 내일 죽어도 여한이 없을 것 같다는 불타는 마음에 단숨에 달려가 그의 집 문을 두드린 것도 나였고, 술을 진탕 마시고 정신 줄을 놓은 채로 그의 등에 업혀 '하고 싶다'고 속삭인 것도 나였다. 막걸리를 마시다 말고 테이블 너머 그 남자의 입술에 키스를 한 것도 나였고, 노래방에서 멀쩡하게 노래하고 있는 그의 바지를 벗긴 것도 나였다.

영화를 보러 가자는 제안보다 섹스를 하자는 말이 내겐 더 달콤했다. 나만 만나면 팬티부터 내리고 보려는 그가 너무 좋았고, 아침마다 우리 집 앞 모텔에 모닝 섹스를 하러 오는 그가 너무 좋았다. 1주일 내내 아침저녁으로 섹스를 하다가 보지가 헐기라도 하면 왜 이렇게 약한 보지를 주셨냐며 신을 원망하기도 했다. 그렇다고 뭐 정말로 섹스만 한 건 아니었다. 대학로에 연극을 보러 가기도 했고, 롯데월드에도 갔다. 영화를 보러 간 적도 몇 번 있었다. 하지만 섹스를 하지 못하면 모두 부질없었다. 롯데월드에서 놀이기구 타려고 기다리는 도중에도 난 '이럴 시간에 섹스 한번 더 하겠다'고 생각했다. 대학로에서 봤던 그 연극도 물론 재미있었지만 섹스만큼은 아니었다.

주말이면 침대에서 뒹굴며 섹스도 하고 밥도 먹고 그러다 섹스도 하고 술도 마시는 '방탕한' 생활이 내겐 충분히 만족스러웠다. 오히려 밖에서 만나자는 그에게 '나랑 섹스하기 싫어진 거냐'며 어깃장을 놓았다. 돈도 들지 않고 누구한테 해를 끼치는 것도 아니니 섹스만큼 아름다운 게 세상에 어디 있을까. 아, 섹스, 아름다운 이름이여.

그토록 섹스를 좋아했던 나는 갑작스런 '임신' 사건의 충격으로 뜻하지 않은 성욕 감퇴의 시기를 맞이하게 되었다. '임신' 사건이 종료되자 공교롭게도 부활절이었다. 나름 모태신앙 나일론 천주교 신자였던 나는 조금 뜬금없지만 다시 열심히 성당에 다니게 되었다. 부활절 달걀을 까먹으면서 와, 이런 게 다시 태어나는 기분일지도 모른다는 생각을 했다. 고해성사를 하는 경건한 마음가짐으로 '임신'했었다는 사실에 대해 믿을 만한 누군가에게 조심스럽게 말한 적도 있었다. 교회 전도사였던 A는 "너한테 주님이 벌을 주신 거야. 다행스럽게도 지나갔으니 앞으로 죄를 짓지 않으면 돼. 성욕은 주님이 주신 선물이지만, 성생활은 부부끼리만 해야 돼. 그것도 아이를 갖기 위해서 해야지, 가볍게 욕망만을 채우기 위해서 하면 안 돼”라며 놀라운 가르침을 주었다. 지금 생각하면 이게 무슨 개소리인가 싶지만, 그때는 ‘그런가 보다. 아, 주님이 나한테 벌을 주셨나 보다’ 하고 받아들였을 만큼 ‘임신’의 충격에서 벗어나지 못하고 있었다. 공포는 때로 판단력을 흐리게 하는 법이니까.

청년 성서 모임에도 매주 나가고 성서 필사도 열심히 했다. 성당에서의 가르침은 내 인생과 맞지 않는 부분이 많았지만, ‘이제부터 다시 시작하면 되지 뭐!’라고 생각하며 매일 아침 기도를 하고, 성서 필사를 했다. 야한 생각만 해도 죄를 짓는 것이라는 말을 들은 뒤론 매일 밤 바이브레이터로 한번 오른 다음에 잠에 들던 버릇도 고치려고 노력했다. 하고 싶을 때마다 십자가를 바라보며 ‘오, 주여!’ 간절하게 기도를 했다. 그렇게 두 달쯤 연애도 섹스도 자위도 하지 않고 얌전히 살았나 보다. 이대로라면 죽을 때까지 얌전하게 살 수도 있을 것만 같은 기분이었다. 수녀원을 알아봐야 되는지 진심으로 고민했을 정도였다.

대학에서 교양 수업을 듣다가 만난 남학생이 내게 다가오기 전까지만 해도 그렇게 난 주님 바라보기에 한 점 부끄럼 없이 살 수 있을 것만 같았다. 그 남자는 나를 다시 시험에 들게 했다. 매일 아침 샤워를 하며 ‘오, 나의 주님, 제가 오늘도 무사히 섹스하지 않고 돌아올 수 있게 해 주소서. 죄를 짓지 않게 해 주옵소서. 시험에 빠뜨리지 마시옵소서’ 간절히 기도를 하고 나갔다. 같은 학교를 다니는지라 매일같이 학교에서 데이트를 했거든.

그때까지 내 인생에 없었던 파격적인 데이트였다. 놀이공원에서 원숭이 구경도 하고 꽃밭에서 사진도 찍었다. 한강에서 자전거도 타고 솜사탕도 먹었다. 저녁 때 술이 한 잔 두 잔 들어가면 알딸딸해져서 섹스 생각이 목구멍까지 올라왔지만 꾹꾹 참았다. 남의 속은 알지도 못하고 이 남자는 왜 자꾸 예민한 내 허벅지는 더듬는 건지. 한숨을 쉬면서 그를 얌전히 집에 들여보내는 날들이 쌓여 가자 내가 무엇 때문에 이러고 있나 싶어 짜증이 났다. 욕구불만 때문인지 피부도 푸석해지는 느낌이었다. 고민 끝에 신부님에게 고백을 한 적이 있었다. 성당에서는 결혼 전에 섹스를 하지 말라고 가르치는데, 난 이미 오래전부터 섹스를 해 왔고 섹스가 너무 좋다. 어떻게 하면 좋겠냐고 일종의 상담을 한 것이다. 난, 그날, 신부님에게 정신 차리라는 의미로 뺨을 맞았다. 신부님은 내게 또 한 가지 잊히지 않을 멋진 조언을 해 주셨다. 키스나 섹스는 결혼 전까지 참고 뽀뽀만 하라고. 아, 차라리 하지 말라고 하지 무슨 감질나게 뽀뽀만 하라는 것인가.

에라, 모르겠다. 더 이상은 못 참아. 여느 때처럼 집 앞까지 나를 데려다주고 돌아서려는 그의 손을 붙잡고 집 근처 모텔로 향했다. 그도 싫지는 않은지 순순히 따라왔다. 모텔 방 안에 들어서자마자 난 그의 바지를 벗기고 올라타서 허리를 격렬하게 흔들어 대며 중얼거렸다. '그래, 이 맛이지.' 그렇게 내 성욕 감퇴의 시기는 막을 내렸다. 후회는 없었다. 그 뒤로 난 다시 나일론 신자의 위치로 돌아왔다. 성당의 가르침은 아무리 생각해도 나와는 맞지 않기 때

주님이 섹스하지 말래?

문이다. 하지만 그렇다고 해서 내가 신앙을 버린 것은 아니다. 섹스를 하는 것이 주님의 뜻에 어긋나는 행동이라고 생각하지 않을 뿐이다.

　2014년 겨울, 홍혜선이라는 전도사가 동영상으로 한국에 전쟁이 일어날 시간을 예언했던 적이 있었다. 일부 기독교인들은 주님의 말씀이 그녀의 입을 통해 전해졌음을 굳건하게 믿고 '노아의 방주'라는 이름으로 해외 도피를 하기도 했다. 인터넷 공간을 떠돌아다니는 그녀의 동영상을 처음 봤을 때가 아련하게 떠오른다. 그녀는 전쟁 예언뿐 아니라 "자위를 하면 지옥에 간다. 낙태를 하면 지옥에 간다. 야동을 보면 지옥에 간다. 회개하라!"라고 외치고 있었다. 연극배우 출신이라는 그녀가 자신의 재능을 십분 발휘해 포장을 잘해서 그렇지, 그녀가 전하는 메시지는 대부분 이미 오래전부터 기독교가 가르쳐 온 소위 말하는 '성경 밖 교리'였다.

- 자위 행위를 하지 마라. 정자 안에는 수백만 개의 생명이 들어 있다.
- 성경 속 인물 오난이 죽임을 당한 건 정액을 바닥에 떨어뜨렸기 때문이다.
- 낙태는 살인과도 같다. 몸을 함부로 굴린 여자들은 주님의 심판을 받을 것이다.
- 섹스는 부부 사이에서만 이뤄지는 순결하고 소중한 행위여야 한다.
- 성욕은 분명 주님이 주신 선물이지만 그 선물을 부부가 아닌 사이에서 사용할 시에는 큰 벌을 받는다.
- 남녀가 만나서 하나가 되는 것이 사랑이며 동성애는 주님의 뜻에

어긋나는 행위이다.

- 동성애자들은 동성 간의 섹스에 맛을 들인 섹스 중독자들이다.

'임신'의 충격에서 벗어나지 못하고 있던 나에게 교회 전도사 A가 주었던 가르침도 이와 같은 맥락에서 나온 이야기들이다. 불안함은 사람의 판단력을 흐린다. 홍혜선 전도사는 사람들에게 '전쟁'이라는 공포를 조장하고, 사람들이 불안해진 틈을 타 자신의 주장을 주님의 메시지라는 이름으로 포장해 퍼뜨렸다. '전쟁' 예언만 안 했다 뿐이지, 그동안 기독교회에서 가르치던 교리는 그녀의 주장과 크게 다르지 않다. 그녀가 저렇게 된 건 미쳐서가 아니다. 그녀를 저렇게 만든 건, 그녀가 저런 이야기를 하게 만든 건 전부 교회다. 교회가 그녀를 저렇게 키웠고, 교회가 그녀의 이야기를 좋아해 주었기 때문에 여기까지 온 거다.

동성애와 학생 임신을 조장한다며 학생인권조례를 반대하던 무리들 중에도 수많은 그녀들이 있었고, 2014년 겨울에 서울시인권헌장을 적극적으로 반대하던 무리들 중에도 수많은 그녀들이 있었다. 그 많은 사람들을 전부 '미쳤네, 미쳤어'라고 생각해 버리면 편하겠지만 그들은 안타깝게도 미치지 않았다. 그들은 다만 교회의 가르침을 충실히 따른 착한 신도들일 뿐이다. 섹스를 죄악시하고 금기시하는 기독교회의 가르침이 계속 되는 한 '또 다른 그녀'들은 절대 사라지지 않을 것이다. 그들에게 묻고 싶다. 정말로 주님께서 섹스를 하지 말라고 하셨는지. 야동을 보지 말고 자위를 하지 말라고 주님이 정말로 그렇게 말씀하셨는지. 미안하지만 내가 아는 주님은 그러실 리가 없다. 내 몸을 알고, 섹스를 알고, 사랑을 알고, 이 짧은 인생 최대한 즐겁게 사는 게 주님의 뜻이라고 난 믿어 의심치 않는다. 누구한테 해를 끼치는 것도 아니고, 돈이 드는 것도 아니다. 이토록 재미있고 이로운 행위가 이 지구상에 섹스 말고 또 뭐가 있겠는가.

인터넷 레즈비언 커뮤니티의 일대일 번개에서 독실한 레즈비언 기독교인을 만난 적이 있었다. 그녀는 교회의 가르침과 반대되는 자신의 성정체성에 대해 오랫동안 고민하다가 스스로 이런 결론을 내렸다고 했다. 동성과 사랑은 해도 섹스는 하지 말 것. 섹스는 동성결혼이 법적으로 통과된 다음에 결혼할 사람과 할 것. 그녀의 말을 듣는 순간 내 머릿속에는 수많은 말줄임표가 떠다녔다. 아마, 그녀의 연애는 평탄치 않을 것이 분명해 보였다. 교회는 대체 한창 즐겁게 연애하며 살아도 24시간이 모자랄 젊은 영혼에게 무엇을 가르치고 있는 것인가.

한국에서 여자가 참정권을 갖게 된 것은 1948년으로 아직 70년도 채 안 됐다. 기독교도 당연히 처음에는 순결의 굴레를 여자들에게만 씌웠다. 가톨릭에서는 아직도 '순결한 주님의 신부'라는 의미로 여자 신자들이 새하얀 미사포를 쓴다. 그러나 시대가 빠르게 변하고 말 많고 힘 있는 여자 신도들이 교회 안에서까지 '남녀평등'을 떠들기 시작하자, 교회는 노선을 틀었다. 남자든 여자든 상관없이 자위를 하거나 야동을 보거나 혼외 섹스를 할 시에 주님의 심판을 받을 것이라고. 이렇게 기독교식 '남녀평등' 시대의 막이 열린다. 다 같이 섹스를 하며 행복하게 세상을 살자는 해피엔딩이었으면 참 좋았겠지만, 슬프게도 '나도 못 하면 너도 못 해. 망할 거면 같이 망해!'가 되어 버린 것이다.

바야흐로 기독교식 '남녀평등' 시대가 열리자 기독교인들은 이제 자신의 심심함을 동성애자들에게 풀기 시작한다. 동성애는 주님의 뜻과 어긋난다는 교회의 가르침도 이들의 심심함에 불을 지핀다. 섹스에 대한 교회의 가르침은 이성애자들의 욕망 절제를 강요하는 것에서 그치지 않고 동성애자 혐오까지 조장하게 된 것이다.

나는 섹스도 마음대로 못 하고 허벅지 바늘로 찔러 가며 살고 있는데 쟤네들은 뭔데 다들 저렇게 맨날 맨날 쿵짝 쿵짝 섹스를 해. 주님이 하지 말라고 했는데 왜 쟤네는 해. 안 되겠어. 주님의 이름으로 쟤네들을 물리쳐야지. 주님의 무서우심을 쟤네들한테도 알려 줄 거야. 자, 그럼 일단 피켓부터 만들고, 내일 몇 시라고? 학생들한테 항문섹스를 가르쳐? 안 되지 안 돼. 학생인권조례 반대! 뭐야, 서울시에서 동성애자 차별을 금지해? 그럼 나 이제 동성애자 욕 못 해? 안 돼! 그럼 심심하단 말이야. 서울시인권헌장 반대! 항문섹스가 인권이냐~. 동성애자 심판 받아라~. 와~ 오랜만에 섹스라고 말하니까 속이 뻥 뚫리는 거 같아~.

위의 글을 읽으면서 이렇게 생각하시는 분들이 계실 거라 생각한다. 개연성이 부족하잖아. 논리적 근거가 뭔데? 이거 완전 그야말로 추측 아니야? 맞다. 이거 완전 내 마음대로 추측해서 쓴 거다. 논리? 기독교 호모포비아들이 떠들어 대는 그야말로 '논리'라곤 찾아볼 수 없는 글들을 보면, 내가 굳이 논리 정연한 글을 써야 되나 싶어진다.

많은 교회들과 종교인들이 부디 회개하고 더 이상 거짓된 가르침으로 교인들을 혼란에 빠뜨리지 말았으면 좋겠다. 부디 다들 회개하고 주님의 은총으로 오르가슴의 은사를 입어 행복한 인생 살기 바란다. 아, 저번에 서울시인권헌장 반대 시위하시는 거 보니까 다들 항문섹스 안 해 보셨는지 그렇게 '항문섹스 아웃'을 크게 외치시던데, 회개하고 한마음 한뜻으로 열심히 기도하면 전지전능하신 주님께서 덤으로 항문섹스의 은사도 함께 주실 것이라 믿는다. 아멘.

내가
어려서
그래 봤니

채팅 사이트 일대일 방에서 처음 만난 그는 이혼한 지 얼마 안 됐다고 말했다. 바람을 피웠는데 아내에게 들키는 바람에 이혼을 했다며 얼마 전엔 남미 여행을 혼자 다녀왔노라고 이야기했다. 채팅방에서 서로 좋아하는 책을 공유하고 일상을 공유하다가 전화 통화를 하기로 했다. 그의 목소리는 기대 이상으로 매력적이었다. 그는 서울에서 꽤 멀리 떨어진 곳에 살고 있었지만 나를 만나러 서울에 오겠다고 말했다. 어디에 자주 가냐고 묻는 그에게 학교가 끝나면 인사동에 들러 구경을 하곤 한다고 말하자 그는 그럼 인사동에서 보자고 말했다.

비가 얌전히 내리던 초가을이었다. 인사동 거리 초입에 있는 한 카페에 들어가서 창가에 앉아 요거트 아이스크림을 나눠 먹다가 그는 내게 말했다.

"이럴 때 갑자기 섹스하고 싶다고 먼저 말해 주는 여자가 정말 매력 있더라고."

30대 중반에 접어든 배불뚝이 아저씨인 그에게 왜 그렇게 꼴렸는지는 지금은 잘 기억이 나지 않지만 당시에는 그 말을 듣는 순간 온몸에 피가 솟는 느낌이 들었다. 종로 골목 한 귀퉁이에 있는 여관에 급하게 들어간 그와 난 말 그대로 진하게 섹스를 했다. 그는 그날 밤 내가 집에 돌아간 뒤에 그 여관방에서 혼자 밤을 지냈다. 집에 돌아가서도 난 자꾸 그와의 섹스가 생각났다. 당장 그에게 뛰어가고 싶었지만 밤늦게 집을 빠져나갈 만한 방법이 없었다. 그날 밤 잠을 자는 둥 마는 둥 하며 힘들게 보낸 나는 아침이 되자마자 그가 있는 여관방으로 찾아갔다. 수업이 없는 토요일이었다. 엄마한테는 동아리 일 때문에 학교에 간다고 거짓말을 하고 아침 일찍 집을 빠져나왔다.

여관이 있는 건물 후문으로 들어가 그에게로 갔다. 그는 내 치마 속으로 손을 넣어 대충 팬티만 벗긴 뒤 내 허리를 두 손으로 들어 배 위로 앉혔다. 하고 싶다는 마음으로 아침부터 종로까지 달려올 정도였으니 내 보지는 바로 넣어도 문제없을 만큼 촉촉이 젖어 있었다. 그의 자지는 내 보지에 닿자마자 부드럽게 쓰르륵 빨려 들어왔다. 그는 내 안에 들어와 허리를 강하게 움직이기 시작했다. 그런데 보지가 젖어 있었는데도 이상하게 너무 아팠다. 찢어지는 듯 고통이 점점 심해졌고 결국 참을 수 없어서 그에게 아프니 그만하자고 말했다. 그러자 그는 내게 "참아"라는 한마디를 던지고 더 격하게 허리를 움직였다. 그만했으면 좋겠다고 몇 번 더 말을 했지만

내가 어려서 그래봤니

그는 내 허리를 더 세게 움켜쥐고 움직임을 멈추지 않았다.

그 다음 날 내 팬티에 피가 살짝 묻어 나왔다. 참으라는 그의 단호한 목소리에 알 수 없는 흥분감을 느끼기도 했던 내 자신이 혼란스러웠다. 그는 다시 지방으로 돌아갔고 돌아간 뒤에도 내게 다정한 문자를 매일같이 보내왔다.

나는 아무래도 그와 관계를 그만 정리해야겠다는 생각이 들어 전화로 헤어지자 말했다. 얼굴을 보고 만나서 이야기하기에 그는 너무 먼 곳에 있었다. 이유에 대해 나름 친절하게 설명했지만 그는 자신은 단 한 번도 마지막 섹스를 안 하고 여자를 떠나보낸 적이 없다며 헤어질 때 헤어지더라도 마지막 섹스를 하자고 떼를 썼다. 심지어 자신이 서울에 올라가 차를 빌려서 학교 앞으로 갈 테니 차 안에서라도 한번 하자며 문자를 보내왔다. 답장을 하지 않고 무시하자 그는 더 강한 문자들을 보내기 시작했다. 너희 엄마와 너를 동시에 같은 곳에서 강간하겠다는 둥 밤길 조심하라는 둥 걸레 같은 년이라는 둥 쓰레기라는 둥 별별 문자를 보내 왔다. 네가 이렇게 남자와 섹스하고 다닌다는 사실을 학교와 너희 집에 말해 버리겠다는 협박도 빼놓지 않았다. 잘하지도 못 하는 어린애랑 섹스까지 해 줬더니 단물만 빼먹었다며 꽃뱀이라고 말하기도 했다. 새롭고 참신한 꽃뱀 이론이었다. 스팸 번호로 등록했지만 그는 번호까지 바꿔가며 수시로 전화를 해 댔고 나는 결국 증거를 수집해 집 근처 경찰서로 갔다.

어쩌다가 10대 여고생인 내가 '30대 중반 아저씨'를 만나게 됐는지, 만나서 무얼 했는지에 더 관심을 갖던 경찰은 내가 고소하겠다며 강하게 말하자 못 이기는 척 그에게 경고성 전화를 했다. 경찰이 그에게 전화해 이런 거 보내시면 안 된다고 말하자 그는 '어린애'가 고소를 할 수 있냐며 '어려서' 고소 같은 건 못 할 줄 알았다고 말을 하다가 끝내 꼬리를 내리고는 알았다고 말했다. 그에게는 그 뒤로 연락이 오지 않았다. 그가 내게 했던 행동들이 내가 '어린애'이기 때문에 가능했다고 생각하니 화가 났다. 나는 그와 섹스를 하고 싶어서 만났고 여관에 갔고 섹스를 했지만 더 이상의 관계를 원하지 않았다. 그것뿐이었다.

지방에 살던 그가 배를 타고 서울까지 오게 된 계기는 다른 곳에 있지 않았다. 어쩌면 어린 여고생과 섹스를 할 수도 있을 것 같다는 것. 사실 그것 하나만 보고 서울로 올라온 거나 다름없었다. 어린 여자애니 조금은 마음대로 다뤄도 별 문제가 없을 것 같다는 계산도 잊지 않았을 거다. 그의 섹스 제안을 승낙하고 같이 여관방에 들어가 즐겁게 섹스했지만 나를 거칠게 다뤄도 된다는 것에 동의를 한 적은 없었다. 아프니까 그만했으면 좋겠다는 내 의견을 깡그리 무시하고 허리를 돌려 대던 그에게 화가 났고 불쾌했다.

하지만 한편으로는 굉장히 흥분되는 순간이었다. 그가 보내왔던 입에 담기조차 불쾌한 욕 문자들이 왠지 모르게 너무나 흥분돼서 그를 다시 만나고 싶다는 생각도 잠깐 했다. 그러나 한 번밖에 본 적 없는 잘 알지도 못하는, 게다가 폭력적인 남자를 다시 만나 위험을 감수하고 싶지는 않았다. 그건 정말로 위험한 일이 될 수도 있으니까. 불쾌하고 화나는 순간 섹스하고 싶다는 생각이 함께 찾아오기도 한다는 사실을 알게 된 후 나는 혼란스러웠다.

아직도 잊을 수가 없다. 그가 보내 왔던 문자들과 내게 했던 말들은 머릿속에서 사라지지 않는다. 그 일이 있은 뒤, 나는 불안감에 시달려야 했다. 우리 집 앞이나 학교 앞에 혹시나 그가 와 있을지도 모른다는 기분이 나를 휘감았다. 더 이상 그에게서 연락이 오지 않았지만 오히려 그래서 더 긴장을 늦출 수 없었다. 모르는 번호로 전화가 오면 혹시 그가 아닐까 싶어 받지 않았고 길을 걸을 때도 앞뒤를 살피며 걸었다. 내 고민을 말할 곳은 당연히 없었다. 누군가에게 말을 하면 "너, 제 정신이야? 고등학생이 섹스를 해? 그것도 누군지 잘 알지도 못하는 '이혼남'이랑 채팅하다 만나서? 다 네 잘못이야"라는 답이 돌아올 것 같았다. 섹스 밝히며 쉽게 다리 벌리는 '어린 여자애'가 당연히 쉽게 보일 만하다고 말할 것만 같았다. 폭력적인 상황을 겪으면서도 섹스하고 싶은 마음이 들어 혼란스러웠던 경험을 이야기하기란 더더욱 힘들었다.

그는 내가 섹스하고 다닌다는 사실을 학교와 집에 까발려 버리겠다고 협박했지만, 아마 진짜로 그렇게 하지는 못했을 거다. 나와 섹스를 하던 대부분의 '어른 남자'들은 나랑 섹스한다는 사실을 누구에게도 말하지 않았다. 나와 처음 섹스를 했던 '대학생 오빠'는 만날 때마다 섹스를 했음에도 불구하고 친구들이나 주변 사람들에게는 나랑 섹스한다는 것을 전혀 말하지 않았다. '네가 다른 사람들에게 가십거리로 소비되는 걸 원치 않아. 베이비' 같은 이유였다면 차라리 나았을지도 모르겠으나 그건 아니었다. 그가 사실을 감췄던 가장 커다란 이유는 '순진한 어린애를 꼬셔서 따먹은 나쁜 남자'로 보이기 싫어서였다. 나에게도 주변에 입조심을 하라고 신신당부했다.

나야 뭐, 조심해서 나쁠 것 없으니까 입조심했지만.

그렇다고 그들이 나와의 연애 사실까지 감춘 건 아니었다. 주변 사람들에게 "어린애랑 사귀니까 좋냐? 뽀뽀는 해 봤어?"라는 질문을 듣곤 했던 그들의 얼굴은 왠지 수줍은 미소로 가득 찼다. '어린 여자애'를 사귄다는 건 남자들 사이에 묘한 긴장감을 만들어 내는 것 같았다. '부러움'이라는 단어 뒤에 '도둑놈'이라는 단어가 함께 자리하는 것처럼 보였다. '어린 여자애'와 사귀는 상황을 꿈꾸고 부러워하는 남자들의 마음 한 곳엔 '어리니까 아직 섹스를 못 해 봤을 거야. 아니, 해 봤어도 얼마나 해 봤겠어. 보지도 쫀쫀하겠지'라는 생각이 자리하고 있을 거다. 언젠간 '첫 경험'을 가질 수 있을지도 모른다는 생각이 부러움을 더 크게 만들었을지도 모른다. 어쩌면 자신의 형편없는 섹스 실력을 들키고 싶지 않아 하는 마음도 함께. 그들은 내가 섹스 경험 있는 여자애라는 지점을 숨기고 싶은 마음이 있었을지도 모르겠다. 뭐, 어찌됐건 나를 가두고 이미지화시킨 건 그들이었지만.

난 어리다는 이유로 섹스하고 싶다고 말할 수 없었고, 섹스하고 있다고 말할 수 없었고, 누군가와 섹스를 하며 원하지 않는 폭력적인 상황이 닥쳐도 내가 알아서 해결해야만 했다. 내게 섹스를 할 상대방을 고르는 기준이란 딱 한 가지였다. 섹스를 하고 싶은 상대인가, 아닌가. 하지만 그 누구도 나에 대해서, 내 욕망에 대해서 궁금해하지 않았을 게 분명했다. 내가 왜 그랬는지, 어린 내가 왜 굳이 섹스를 하고 싶어 하게 됐는지에 더 관심을 가졌을 거다. 말해 봤자 귀찮은 일이 벌어질 게 분명하니 섹스하고 있다는 사실을 주변에 들키지 않으면서 이 모든 일들을 혼자서 처리해야만 했다. 쉽지 않았지만.

지금 생각해 보면 내가 '어리기' 때문에 했다고 밖에 보이지 않는 일들이 여러 가지 떠오른다. 어떤 '오빠'는 자신이 생각하는 '섹시한 어른 여자'의 상을 내게 제시하며 "네가 그렇게 커 줬으면 좋겠다. 그때를 위해서 지금부터 연습해 보자"라고 말했다. 내가 섹스를 하는 '여고생'이라는 사실을 알게 되었던 어떤 '아저씨'는 애인과 어떻게 어떤 방식으로 섹스를 하는지 꼼꼼하게 따져 물었다. 언제 마지막으로 섹스를 했는지 호기심에 가득 찬 눈으로 묻더니, 나중에 후회하면 어쩌려고 그러냐는 꼰대 짓으로 마무리를 장식하기도 했다. '섹스'에 대해 솔직하게 대화할 줄 아는 여자가 매력적이지만 '섹스' 경험이 많은 여자는 좀 그렇다는 말을 하면서 말이다. 섹스를 하는 '어린 여자애'란 누구와도 섹스를 하고 섹스에 대해 말을 하고 어떤 상황에서도 기분 나빠하거나 거부하지 않아야 한다고 생각하는 것 같았다. 나는 그들에게 어린데도 불구하고 섹스를 할 만큼 섹스를 밝히는 여자애니까. 그 앞에서 '어린' 나는 어떤 말도 자유롭게 할 수 없었다.

물론 '어른 여자'가 되어도 모든 상황이 바로 달라지지는 않았다. 섹스를 하다가 폭력적인 상황에 맞닥뜨리기도 하고, 방금 전까지 섹스를 하고 싶다가 갑자기 하기 싫어지기도 했다. 반대로 방금 전까지 섹스를 하기 싫다가도 갑자기 하고 싶어지기도 했다. 하나로 정리할 수 없는 여러 가지 일들을 겪기도 했다. 이야기할 만한 곳도 없고 주변 사람들의 반응이 걱정돼서 쉽게 말을 하지 못하는 건 '어린 여자애'나 '어른 여자'나 별반 다를 게 없었다. '어리다'는 것이 생물학적 나이만을 이야기하는 것은 아니었지만, 나이는 무시할 수 없는 요소였다. 어른이 되고 난 뒤의 섹스 이야기를 하는 것과 10대 때의 섹스 이야기를 서랍 구석에서 꺼내 놓는 것은 분명 달랐다. 어릴 때의 내 다사다난한 섹스 경험을 밖으로 내놓기까지 생각보다 많은 시간이 걸렸다.

섹스 이야기를 질펀하게 하는 자리에서도 내가 10대 때의 섹스 이야기를 꺼내 놓으면 사람들의 태도가 달라졌다. 나와 나이 차이가 열 살 이상 나던 남자도 "그 남자 변태 아니야? 아무리 그래도 미성년자랑 섹스를 하냐"라고 말했다. 난 불과 몇 달 전까지도 미성년자였다고 말했지만, "그래도 기다렸어야지"라며 놀랍다는 표정을 지었다. 뭐, 사람들의 태도야 이랬지만 확실히 난 말을 하게 된 뒤 더 편안해졌다. 난 결코 나의 섹스를 후회하지 않는다. 섹스의 기억을 꺼내 놓기 시작한 것도 마찬가지로 후회하지 않는다. 내가 숨길수록 상대방이 '어리다'는 이유로 마음대로 행동했음에도, 자신이 한 짓을 잊고 편히 살아갈 많은 남자들이 계속 생겨날 테니까.

많은 여자들이 자신의 이야기를 밖으로 꺼내 놓고 편안해졌으면 좋겠다. 쉽지는 않겠지만 말이다. 아직 섹스는 '어른'만의 전유물이라고 생각하는 어른들이 많이 있다. 10대에게 콘돔 씌우는 법만 자세히 가르쳐도 애들한테 섹스를 하라고 권장하는 거냐며 아침부터 피켓 들고 시위하는 잠 없는 어른들이 참 많다. 부지런한 그들이 있는 한 세상은 쉽게 바뀌기 어려울지도 모르겠다는 생각이 든다. 하지만 섹스는 결코 '어른'만이 가질 수 있는 고유한 무엇이 아니다. 하지 말라고 한다고 섹스 안 하는 거 아니다. 뭐라고 하건 섹스를 하는 10대들이 분명히 존재한다.

그들이 정말로 걱정된다면 안전하게 섹스하는 방법을 가르치는 게 더 좋을 것이다. 많은 어른들은 섹스하는 10대가 있다는 사실을 받아들이지 않고 싶어 한다. 그리고 섹스하는 10대와 그렇지 않은 10대를 자기들 마음대로 나눈다. 그런 '어른'들을 보면 섹스가 그렇게 별건가 하는 생각도 들지만 한편으로는 참 안됐다. '어른'이 되어야지 섹스를 할 수 있다는 생각은 그만큼 섹스의 의미를 무겁게 만든다. 원하지 않는 임신과 같은 일은 피임을 제대로 하지 않는 이상 어른에게도 충분히 일어나는 일이다.

'어른'은 결코 완벽함을 뜻하는 단어가 아니다. 자신의 과거와 현재, 미래를 책임지고 섹스를 하는 '어른'이 도대체 얼마나 될까. 책임질 수 있는 나이가 될 때까지 섹스를 하지 말라는 말은, 어른이 되면 '책임감'이 저절로 생긴다는 말처럼 들리기도 한다. 그러나 결코 나이를 먹는다고 해서 '책임감'이 저절로 생기는 것이 아니다. 실체 없는 책임감이라는 단어로 10대들을 괴롭히기보다는 한시라도 빨리 안전한 섹스를 위한 성교육을 하는 편이 나을 것이다.

언니,
섹스
할래?

발랑 까지지 않아도
　　　다들 섹스하거든요

수많은 모텔들의 네온사인이 반짝거리는 대한민국에 살면서도 어찌된 일인지 이 땅의 엄마들은 우리 딸이 섹스를 안 했을 거라고 대단한 착각을 한다. 심지어 모텔 사장님들의 지갑을 채워 주는 애들은 따로 있을 거라고, 우리 딸은 그런 아이들과 질적으로 다르다고 생각한다. '순진무구한' 우리 딸에게 혹시 무슨 일이라도 생길까 봐 걱정하는 엄마 덕분에 남자친구와 조금만 늦게 들어가도 핸드폰은 쉴 새 없이 울리고, 여행 같은 건 더욱이 꿈도 못 꾼다. 어머님이 염려하는 섹스는 낮에도 할 수 있는데 말이다. 그러나 향기의 엄마는 그런 여느 엄마들과는 달랐다.

"엄마랑은 섹스에 대해서 편하게 이야기 하는 편이에요. 남자친구 사귀면서 엄마한테 임신 테스트기 걸린 적도 있고요. 그 뒤에 엄마가 피임 잘하라면서 피임약을 사다 주셨어요. 어느 날은 텔레비전 보면서 맥주 마시다가 갑자기 물어보시더라고요. 처음 섹스 했을 때 어땠냐고. 엄마는 처음 사귄 남자가 저희 아빠였거든요. 처음 섹스한 것도 아빠고. 그 부분에 대해서 후회를 하세요. 아빠가 별로라서 후회를 한다기보다 더 많은 사람을 만나 봤으면 어땠을 까. 세상을 보는 눈이 달라지지 않았을까. 그런 생각을 많이 한다고 하시더라고요."

향기의 엄마뿐만 아니라 이 땅의 50대 이상 기혼 여성은 지금 보다도 더 '혼전 순결' 교육을 빡세게 받아 온 세대다. 어쩌다 섹스 를 하게 되는 바람에 그 사람하고는 꼭 결혼을 해야 되는 건 줄 알 고 결혼했다는 중년 여성이 텔레비전에서 인터뷰를 한 것을 본 적 도 있다. 섹스를 안 해 봤으니 자신이 섹스를 좋아하는지 어떤 섹스 를 원하는지 알 리가 없었다. 그런 채로 결혼을 한 대다수의 여성들 은 섹스에 만족하지 못한 결혼 생활을 해야 했다. 지금도 여자들이 모여 있는 인터넷 커뮤니티마다 남편과의 섹스가 안 맞는다는 상담 글이 줄줄이 사탕처럼 매일같이 올라오는 걸 보면 사실 크게 달라 진 것 같진 않지만 말이다. 그럼에도 불구하고 자기 딸이 결혼 전까 지 섹스를 하지 않기를 바라는 심리는 아이러니하다. 물론, 아직도 '순결한' 여성이 비싸게 대접받는 세상이니, 이해가 안 되는 건 아 니지만.

향기의 엄마는 향기가 자신처럼 나중에 아쉬워하면서 살지 않 기를 바랐다. 그래서 더 많은 연애를 해 보기를 권했다. 이런 엄마 의 정신적 지원이 향기의 자유로운 섹스에 많은 영향을 주었다.

"적어도 세 번 차이고 세 번 차여 보고, 많은 연애를 하고 나서 결혼을 해라. 솔직히 결혼을 안 했으면 좋겠다. 이렇게 말씀하시더라고요. 네가 하고 싶어서 관계를 갖는 거라면 엄마는 뭐라고 할 생각이 없다고도 말씀하신 적도 있었거든요. 엄마가 하지 말라고 했다면 달라졌을지도 모르겠어요. 지금도 엄마한테 고마운 부분이에요."

향기는 어려서부터 몸에 관심이 많았다. 향기의 방에는 큰 전신 거울이 있었는데 그 앞에 앉아서 몸 여기저기를 보다가 만져보기도 했다. 몸에 있는 기관들이 각각 어떤 역할을 하는 건지 궁금했다. 만지면 어떤 느낌일지 호기심에 만져 보면서 자연스럽게 자위를 시작하기도 했다. 엎드려서 뒹굴거리면서 책을 보다가 바닥에 보지가 닿으면 이상한 느낌이 든다는 것도 알게 되었다. 그때가 초등학교 때였다.

"내 몸에 가슴도 있고 보지도 있는데 얘는 어떤 역할을 하는 걸까, 만지면 어떤 느낌일까, 관심이 많았죠. 처음 내 몸을 보고 나서 엄마한테 말을 했는데 엄마가 그러시더라고요. 여자한테만 있는 부분이고 민감하기 때문에 네가 소중히 해야 돼. 그런데 소중히 해야된다는 이야기를 하면서도 남자한테 주면 안 된다는 식의 이야기는 하지 않으셨어요. 엄마가 했던 소중히 하라는 말은 깨끗이 씻으라는 의미 같은 거였어요. 제 친구가 질염이 생긴 지 3년이 됐는데 산부인과를 한 번도 안 갔다고 하더라고요. 너무 놀라서 왜 안 갔냐고 하니까 '어떻게 가' 이러는 거예요. 엄마가 여자는 그런 병원 가는 거 아니라고 그랬대요. 결국 제가 데리고 산부인과를 갔죠."

엄마와도 섹스에 대한 이야기를 자유롭게 하는 향기와 '그런 병원'에 가는 게 아니라는 엄마의 말에 산부인과도 못 갔던 향기 친구의 이야기는 너무나 상반된다. 엄마 말을 곧이곧대로 듣고 자라는 자식이 얼마나 되겠느냐만, 어려서부터 보지에 대해 긍정적인 이야기를 들어 왔던 향기와 여자는 그런 병원에 가는 게 아니라는 이야기를 들어 온 향기 친구는 분명 다른 노선을 걷고 있는 게 분명했다. 어릴 때도 마찬가지였다. 향기는 또래 친구들과는 섹스를 대하는 태도가 달랐다.

"초등학교 때 친구들한테 너는 짬지를 본 적이 있냐고 물어본 적이 있었어요. 그때는 보지라는 단어도 모르니까. 그런데 친구들이 너무 이상하게 저를 쳐다보는 거예요. 그걸 왜 보냐, 우리 엄마가 그런 거 보는 거 아니라고 그랬다고, 잘못된 거라고 이야기를 하더라고요. 그때 '아, 이런 이야기를 하면 안 되는 거구나' 그렇게 생각을 했었죠.

그 뒤로는 제 관심사에 대해 이야기를 안 했어요. 그러다가 중학생이 됐어요. 중학교 때는 그래도 여자애들끼리 음담패설도 많이 하잖아요. 그래서 어느 날인가 분위기가 한창 무르익었을 때 제가 어떤 사람하고 섹스를 하고 싶은지 이야기를 했어요. 정말 다 같이 웃고 떠들던 분위기였는데 내가 섹스를 하고 싶다고 말을 하니까 갑자기 분위기가 싸늘해지더라고요. 이상한 애가 되고 실제로 친구들이랑 멀어졌고. 남들은 이런 이야기 듣기 불편해하는구나, 꺼내지 않는 편이 낫겠구나 싶었어요."

섹스에 대한 이야기를 한다는 이유만으로 이상한 애 취급을 받고 친구들과도 멀어져야 했던 향기는 상처를 받았다. 그리고 자신이 섹스를 좋아한다는 사실을 사람들 앞에서 감추게 되었다. 음담패설을 하는 자리였지만 섹스를 하고 싶어 하는 욕망이 나 자신에게 있다는 걸 말하는 건 허용되지 않았다. 하지만 법적 미성년자의 굴레를 벗어나는 순간 향기를 대하는 친구들의 태도는 달라졌다.

"재미있는 게 성에 대한 이야기를 조금만 꺼내도 너 왜 그러냐고 그러던 친구들이 스무 살이 되니까 달라졌다는 거죠. 그때는 손가락질을 하던 친구들이 저한테 섹스 처음 할 것 같다면서 어떻게 해야 되는지 물어보더라고요. 중·고등학교 때 성교육을 제대로 안 해 주니까 잘 모르는 경우도 많은 거 같아요."

자신에게 섹스에 대한 욕망이 있다는 사실을 친구들 앞에서 숨겨야 했지만, 향기는 남자친구와 섹스를 하며 자신의 욕망을 몸으로 풀고 있었다. 자신을 배려해 줄 수 있는 남자와 첫 섹스를 해야겠다고 마음을 먹었던 향기는 원했던 대로 나이가 많고 경험이 많은 사람과 첫 섹스를 할 수 있었다. 다행히도 처음 섹스를 하면 죽을 것처럼 아플 줄 알았는데 그 정도는 아니었다.

"처음 섹스를 할 때 아프다고 하잖아요. 당연히 긴장도 할 거고. 그런 부분에 대해서 잘 알고 배려할 수 있는 사람이랑 관계를 맺고 싶었어요. 그래서 단순하게 '나이 많은 사람이랑 해야지, 경험이 많은 사람이랑 해야지'라고 생각을 했던 거죠. 중학교 졸업하고 고등학교 올라가는 겨울방학 때 처음 섹스를 했어요.

그때 만났던 남자가 서른여덟 살이었으니까 저보다 한참 나이가 많았죠. 처음부터 제가 좋다고 무작정 쫓아다녔어요. '저는 오빠가 좋아요, 오빠' 막 이러면서. 처음 본 날부터 좋아한다고 했었거든요. 그분 입장에서는 어이가 없었겠죠. 맨날 교복 입고 다니는 애가 좋다고 따라다녔으니. 결국 그분과 연애를 하고 관계를 갖게 됐어요."

향기는 섹스를 하기 전에 상대방과 자신의 몸에 대해 욕망에 대해 이야기를 많이 하고 싶었다. 그래야 더 좋은 섹스를 할 수 있을 것 같았다. 자위를 할 때 어디를 만지면 좋은지 난 어떤 섹스를 하고 싶은지 몸보다 대화로 먼저 섹스를 하고 싶었다.

"저는 그 사람한테 솔직하게 말했어요. 어떻게 보면 그때가 지금보다 더 솔직했던 거 같아요. 나는 오빠랑 섹스하기 전에 섹스에 대해 이야기를 많이 했으면 좋겠다는 이야기도 하고, 자위를 할 때 어디를 만지면 기분이 좋다든가 이런 얘기들도 했어요. 사실 섹스 자체보다 펠라티오fellatio, 자지를 입으로 애무하는 것가 너무 해 보고 싶었어요. 왜 그랬는지 잘 모르겠는데 그게 재미있어 보였어요. 아무래도 상대가 나보다 나이가 많고 사회적으로 지위가 높잖아요. 펠라티오를 하면 그런 그 사람을 정복할 수 있을 거란 생각을 했던 거 같아요."

이야기를 충분히 한 향기는 부모님이 집에 안 계시던 날 처음으로 섹스를 했다. 섹스를 하고 난 뒤 남자친구는 새벽에 자신의 집으로 돌아갔다. 친구들 앞에서는 섹스에 대한 말도 자유롭게 하지 못하던 향기는 섹스를 하고 나서 새로운 자신만의 비밀을 얻었다. 비밀을 얻었지만 왠지 전보다 더 자유로워진 느낌이었다. 섹스를 하는 교복 입는 학생에 대해 어른들이 보통 생각하는 이미지와 향기의 대외적 이미지는 달랐다.

"잠이 안 오더라고요. 남들이 봤을 때 티가 날까. 그런 생각을 하는 게 재미있었어요. 저는 학교에서 선생님들한테 칭찬받는 그런 이미지였거든요. 다음 날 아침에 해가 뜨면 세상이 바뀔 것 같은 그런 느낌. 내가 너무 큰 경험을 해서 딱 눈을 뜨면 세상이 다르게 보일 줄 알았죠. 당연히 세상이 바뀌지는 않았지만 그땐 막연히 그런 생각이 들어서 잠이 잘 안 왔어요.

처음이라서 그랬다기보다 섹스를 경험했다는 게 그런 생각을 하게 만들었던 거 같아요. 저는 첫 섹스가 그렇게 큰 의미를 가지고 있다고 생각하지는 않거든요. 처음 섹스를 한 사람과는 오래 만나지도 않았고 편하게 헤어졌고요. 세상을 살아가면서 할 수많은 섹스 중에 한 번인 거고, 그 순서가 첫 번째인 것뿐이잖아요. 그게 뭐가 그렇게 중요해서 내 모든 걸 줄 수 있을 것만 같은 사람하고 해야 되는지도 솔직히 잘 모르겠어요."

첫 섹스는 향기의 말대로 향기의 인생에 펼쳐질 수많은 섹스 중에 한 번일 뿐이었다. 향기는 시작점을 발판 삼아 자신의 머릿속에 있던 판타지들을 현실로 끄집어내 여러 가지 시도들을 했다. 처음 섹스를 할 때부터 향기는 상대방이 자신을 '함부로' 대해 주면 더 흥분된다는 사실을 알 수 있었다. 호기심이 많았던 향기는 자신의 욕망을 침대에서 만큼은 숨기고 싶지 않은 마음에 엉덩이를 가볍게 때리는 정도 SMsadomasochism플레이를 시작해 보았다.

"상대방이 섹스를 하면서 제 머리채를 잡는다거나 욕을 해 주면 흥분이 돼요. 처음 섹스를 할 때부터 그랬어요. 저랑 섹스를 하면서 그 사람이 '씨발, 존나 좋아' 이러는데 너무 멋있는 거예요. 섹

스를 하고 같이 누워 있으면서 제가 이렇게 말한 적도 있어요. 나
오빠가 욕하는 게 너무 좋다고.

처음에는 약하게 시작했어요. 엉덩이를 가볍게 때린다거나 이
런 식으로. 많은 플레이를 해 보진 않았죠. 첫 번째로 섹스했던 사
람과 헤어지고 나서는 6개월 정도 공백이 있었어요. 그러다가 다시
연애를 시작했는데 과외 선생님이었고 그 사람도 저보다 나이가 많
았어요. 그 사람은 SM플레이에 관심은 없다고 절대 안 한다고 말
하더라고요."

향기의 SM 욕망에 불씨를 피웠던 첫 연애가 끝나고 만났던 남
자는 안타깝게도 SM플레이에 관심이 없었다. 하지만 향기는 포기
하지 않고 그 남자의 욕망을 천천히 건드리며 단계를 밟아 나갔다.
처음에는 관심이 없다고 말했던 남자가 섹스할 때마다 조금씩 더
거칠어지는 느낌을 받을 수 있었다. 향기는 한발 더 나아가 남자친
구의 취향을 알아보려고 남자친구의 자취방 컴퓨터에 있는 야동 파
일을 몰래 찾아보기도 했다.

"말을 워낙 안 하는 사람이라 꺼내는 데 시간이 걸렸어요. 남
자친구 취향을 알아보려고 자취방 컴퓨터에 있는 야동 파일을 찾아
보기도 했어요. 메이드복이나 간호사복, 교복 같은 복장에 대한 판
타지가 많은 사람이더라고요. 그래서 제가 그때는 학생이었으니까
교복을 많이 입었죠. 저도 교복 입고 섹스하는 거 좋아하거든요. 일
종의 금기를 깨는 것 같은 느낌이 너무 좋아서. 어떤 순간에도 교복
을 벗지 않는다는 게 중요해요. 도중에 셔츠가 풀어져도 끝까지 입
고는 있어야 되는 게 포인트에요. 치마도 벗지는 않고 위로 올리고.

모텔에 가서 주로 섹스를 했는데 고등학생 때는 교복을 안 입으면 사람들이 절 고등학생으로 안 봤어요. 심지어 저랑 만났던 어떤 사람들은 연애하기 전까지 제 나이를 잘 모르기도 했어요. 그래서 모텔 들어가는 데 문제가 없었어요."

향기는 지금까지 열 명 정도와 섹스를 했다. 모두가 향기와 섹스 취향이 같을 수는 없었다. SM플레이를 좋아하는 사람도 있었고 싫어하는 사람도 있었다. 상대방도 잘 모르고 있던 욕망을 꺼내기도 하면서 향기는 자신의 욕망을 지속적으로 풀어 나갔다. 가볍게 엉덩이를 때리는 것으로 시작했지만 나중에는 허리띠로 때리거나 목에 줄을 감아서 개처럼 끌고 가는, 일종의 도그플레이나 노예플레이를 하는 정도로 발전했다. 섹스를 하는 데 상대방이 꼭 연애 상대일 필요는 없었다. 서로의 몸에 대해 호기심을 가지고 탐구하려는 경향이 있다면 향기의 좋은 섹스 파트너가 될 수 있었다.

"지금 남자친구도 처음에는 섹스 파트너였어요. 그러다가 마음이 생겨서 남자친구가 된 경우죠. 그 전에는 '원나잇'을 했는데 섹스가 잘 맞아서 섹스 파트너가 된 경우도 있었어요. 상대방에 대해 깊어지는 감정을 분산시키려고 일부러 한꺼번에 여러 명을 만난 적도 있었어요. 저한테 섹스 파트너는 오로지 섹스만 하는 사람이었기 때문에 지금 남자친구를 만나기 전까지는 제가 섹스 파트너를 좋아하게 될 거라고 생각을 못했어요.

지금까지 만났던 사람 중에 가장 좋았던 사람을 꼽자면 지금 남자친구예요. 여러 번 만나서 섹스를 했지만 항상 궁금해요. 제 남자친구는 간지럼도 안 타고 성감대가 거의 없어요. 그래서 어떻게 하면 이 사람과의 섹스가 더 재미있을까 고민을 많이 하게 되는 것 같아요. SM플레이를 하면서 '나를 위해서 느껴 봐'라는 말을 하기도 하거든요.

그렇지만 섹스는 서로가 재미있어야 된다고 생각해요. 누구를 위해서 섹스를 하는 건 아니잖아요. 혼자서 자위를 할 때도 파트너 섹스를 할 때만큼 오르가슴을 느끼거든요. 저는 오르가슴을 느끼려고 섹스를 하기보다는 재미를 위해서 섹스를 해요. 한 번 섹스했을 때 별로면 다시는 그 사람과 섹스를 안 해요. 몇 번 나이가 어린 남자들을 만난 적도 있었는데 노련하지 않은 느낌이 싫었어요. 저는 닳고 닳은 사람이 좋아요."

섹스가 별로였던 상대에게는 또 다시 기회를 주지 않는 단호한 향기지만 새로운 섹스에 대한 가능성은 항상 열어 놓는 편이다. 상대뿐만 아니라 경험에 있어서도 새로움은 항상 향기를 자극한다. 향기는 자신에게 여자랑 섹스를 할 가능성도 충분히 있다고 생각한다.

"새로운 걸 해 보는 게 좋아요. 여자랑 술이 취해서 장난하다가 키스를 해 본 적은 있거든요. 확실히 포인트를 잘 잡는다는 느낌은 받았어요. 스리섬threesome, 셋이서 하는 섹스이나 그룹섹스를 하면서 여자 몸에 대해서 더 알고 탐구해 보고 싶긴 해요. 여자 몸을 만지면서 섹스해 보고 싶어요."

지금의 섹스도 충분히 만족스럽지만 새로운 것에 대한 향기의 욕망은 끊이지 않는다. 최근에는 애널섹스도 했다. 하기 전에는 첫 섹스를 했을 때처럼 상대방과 많은 이야기를 나누었다. 상대방은 여러 번의 애널섹스anal sex를 경험해 본 사람이었다. 좋아하는 여자도 있고 싫어하는 여자도 있다는 말을 들었지만 자기가 해 보기 전까진 알 수 없으니까 해 보기로 했다. 애널섹스에 대해 여자들이 써 놓은 후기를 읽는 등 준비도 많이 했다. 애널용 딜도와 러브젤도 빼놓지 않고 챙겼다.

"하기 전에는 걱정을 되게 많이 했어요. 상대방은 애널섹스 경험이 있는 남자였는데 안 해도 충분히 나와의 관계에 만족한다고, 굳이 내가 싫으면 하지 않겠다고 말했지만 저는 너무 궁금했어요. 인터넷에 올라오는 글을 보면 질에 삽입하는 것과는 완전히 다른 느낌이라고 하더라고요. 나는 이것만으로도 충분히 오르가슴을 느끼는데 대체 뭐가 더 있다는 건지 궁금했어요. 처음에는 SM플레이를 하다가 마지막에 했어요. 그게 청결 부분에서도 좋고 내 몸의 긴장도 더 풀릴 것 같아서 제가 미리 말을 했거든요. 파트너가 제 표정을 잘 읽는 편이에요. 특별히 제가 더 많이 느끼는 부분을 신경 써서 애무도 해 줬죠.

제 몸이 어느 정도 이완이 된 다음에 애널에 딜도를 넣었어요. 처음에 딜도를 넣었을 때는 아무렇지도 않더라고요. 그래서 딜도를 애널에 꽂아 놓고 평소처럼 천천히 섹스를 했어요. 제가 흥분하면 물이 많이 나오는 편이라 별다른 점을 못 느끼고 평소처럼 섹스했죠. 그런데 애널에 꽂아 놓았던 딜도를 빼고 자지가 들어오는 순간, 이건 완전히 다른 느낌이더라고요. 내 몸의 빈 공간이 하나도 없이 꽉 찬 느낌이랄까. 조금만 움직여도 내 몸이 터질지도 모른다는 생각을 했어요. 확실히 느낌이 다른 오르가슴이었어요.

상대방이 제 클리토리스를 만지면 저는 제 가슴을 만지고. 제 몸을 지속적인 흥분 상태로 만들어 놓으려고 하면서 섹스를 했어요. 평소에는 오르가슴을 느끼면 뭔지 모르는 기운이 올라와서 머리를 꽝하고 치는 것 같은 기분을 받거든요. 그런데 애널섹스로 오르가슴을 느꼈을 때는 기운이 양쪽으로 퍼지는 기분이었어요. 꼼짝달싹 할 수 없는 그런 느낌이랄까. 다리도 못 움직이겠고 소리도 못 내겠더라고요.”

친구들에게 섹스하고 싶다는 욕망을 숨겨야만 했던 향기는 어느새 교복을 벗고 법적 성인이 되었지만, 아직도 교복 입고 섹스하던 자신의 경험을 자유롭게 말할 수가 없다. 알고 보면 생각보다 많은 이들이 미성년자일 때 처음 섹스를 하지만, 대부분 감추려고 한다. 그때는 철이 없었다는 식으로 자신의 경험을 후회하는 방향으로만 10대 섹스 이야기가 나오는 현실이 향기는 불편하다.

“우연히 섹스에 대해 이야기를 하는 팟캐스트를 알게 되었어요. 궁금해서 들어 봤는데 섹스에 대해 적나라하게 이야기를 하더라고요. 처음 그 방송을 들었을 때 제가 미성년자였거든요. 그런데 팟캐스트 방송 첫머리에 미성년자에게는 안 좋은 영향을 끼칠 수 있다는 일종의 경고 멘트 같은 걸 하더라고요. 속으로 되게 꼰대 같다고 생각을 했어요. 나이가 어리다고 섹스를 안 하는 것도 아니고 모르는 것도 아닌데. 12월 31일까지는 어린애였다가 1월 1일에 스무 살이 되면 짠 하고 성인으로 바뀌는 것도 아니잖아요. 이상하다는 생각을 많이 했지만 가만히 듣고 있었죠.

그러다가 제가 스무 살이 됐어요. 그 방송을 듣는 사람들이 활동하는 인터넷 카페가 있어요. 그 인터넷 카페에 가입을 해서 글을 읽으며 관심을 갖다가 제가 방송에 출연하는 기회가 생겼어요. 그런데 저는 방송에서 많은 이야기를 하지 못했어요. 이제 스무 살이니까 제가 말하는 경험들은 대부분 미성년자일 때의 경험이잖아요. 대놓고 방송에서 미성년자의 성에 대해서 말하는 게 걱정이 된다고 하더라고요. 미성년자 때 섹스를 한 것을 후회한다는 식으로 이야기를 풀자고 해서 그냥 제가 10대 때 섹스한 이야기는 아예 말을 안 했죠. 그걸 빼 버리니 저는 할 말이 거의 없어서 말을 못했어요.

저는 전혀 후회하지 않는데 후회한다고 말할 수는 없잖아요. 성에 대해 편하게 이야기하는 사람들인데도 미성년자의 성에 대해서는 이야기하기 무서워하는 것 같아요. 그런데 이야기 들어 보면 다들 첫 경험이 고등학생 때더라고요. 자신들이 그때 섹스했다는 건 미성년자들도 섹스한다는 걸 알고 있다는 뜻이잖아요. 알고 있으면서 모르는 척하는 게 이상했어요. '그건 너무 어릴 때니까', '철 없을 때니까' 이렇게 넘기려고 하는 것 같아요. 부끄러워하는 것 같기도 하고.

그렇게 발랑 까지지 않아도 다들 섹스하거든요. 수면 위로 꺼낼 필요가 있어요. 숨긴다고 숨겨지는 것도 아니고. 섹스에 대해 청소년들이 이야기할 공간이 너무 부족해요."

이기적으로
섹스하기

여자 몸은 여자가 잘 안다는 말이 있다. '같은' 여자니까 어디를 공략하면 좋을지 알 수 있을 거라는 뜻이다. 얼핏 보면 레즈비언 섹스의 은혜로움을 표현한 말처럼 들릴 수도 있겠지만 실상은 전혀 다르다. 이 말은 '여자'라는 이유만으로 모든 몸이 같을 거라 생각하는 편협하고 단순한 발상에서 나온 말이다. 손으로 보지를 몇 분이나 만져야 오르가슴에 오르는지 누군가 물은 적이 있었다. 지푸라기라도 잡는 심정으로 물어본 그 마음은 잘 알겠다만 섹스는 절대 수학공식이 아니다. 어디서 야동이라도 보고 왔는지 갑자기 안 하던 짓을 하며 여자가 당연히 좋아해 줄 거라 착각하는 남자들이 있다. 그런 남자에게 당장 집어치우라고 말하고 싶지만 쉽게 입이 떨어지지 않는다. 무슨 말만 하면 남자들 기죽는다며 여자 탓을 하는 세상이니 여자는 그냥 참고 만다.

그러나 이런 '취급'이 무서워서 섹스에 대해 말하기를 피한다면 더 이상의 발전은 기대하기 어렵다. 침대에서 더 이상 오르가슴을 연기하지 않고, 자지가 작은 남자에게 작은 자지를 무조건 넣기보다는 오럴섹스나 핑거섹스로 나를 더 즐겁게 해 줄 것을 요구하며, 좋아하는 체위에 대해 말하고, 섹스하기 싫은 날은 싫다고 말하는 순간, 더 재미있는 세상이 눈앞에 펼쳐질 거라고 장담한다.

성해방은 섹스를 좋아하는 것도, 섹스를 무조건 많이 하는 것도, 섹스 제안을 거절하지 않는 것도, 섹스 후에 신비감이 떨어졌다고 차여도 상처받지 않는 것도 아니다. 어떤 것이 좋고 어떤 것이 싫은지 자유롭게 말할 수 있는 바로 그 순간이 성해방이다. 섹스에 대해서 여자들이 두려워하지 않고 입을 열 때, 여자들이 자신의 '욕망'에 대해 알 때 비로소 진정한 성해방의 시대가 열릴 것이다.

잘해도
못해도
여자 탓

그를 처음 만난 건 일이 있어 명동에 잠시 들렀다가 다시 집으로
가는 지하철 안에서였다. 처음에는 스치듯 잠깐 눈이 마주친 게 전
부였는데 아니 이 남자, 계속 날 쳐다보는 게 아닌가. '눈웃음을 치
는 건가, 꽤 귀엽네, 대체 무슨 생각으로 나를 뚫어져라 쳐다보는
거지', 온갖 생각을 하다 보니 벌써 내릴 때가 되었다. 우연인지 필
연인지 나와 같은 역에서 내린 그는 다시 한번 만나고 싶다며 전화
번호를 물어 왔다.

　나는 흔쾌히 번호를 알려 주었고 집에 도착할 때쯤 그에게선
주말에 만나고 싶다는 메시지가 와 있었다. 내 머릿속은 이미 그와
의 무궁무진한 섹스로 가득차기 시작했다. 말랐지만 어딘가 모르게
탄탄한 그의 몸은 묘한 매력이 있었다. 숨겨진 보석이라도 찾은 듯
뿌듯해하며 더욱 열심히 그와의 섹스를 꿈꿨다. 만난 지 1주일이

되던 날 밤, 친구들과 술을 마시다가 그에게 너랑 자고 싶다고 문자를 보냈다. 그는 내가 있는 곳으로 30분 만에 달려왔고 우리는 바로 택시를 타고 모텔로 직행했다. 모텔에 도착하기가 무섭게 그와 나는 정신없이 옷을 벗고 서로를 껴안았다. 겉보기보다 마른 몸이었지만 상관없었다. 만난 순간부터 상상했던 그와의 섹스를 하고 있다는 것만으로 충분했다.

혀로 그의 몸 구석구석을 천천히 느끼고 싶었지만 그는 몸을 느낄 틈조차 주지 않고 내 보지에 자신의 자지를 집어넣었다. 10분 정도가 지나자 그는 혼자서 저 먼 우주여행을 다녀온 후 힘없이 내게서 빠져나갔다. 정말 이게 다야? 정말 이게 최선이에요? 확실합니까? 그의 섹스 스킬은 10점 만점에 2점도 주고 싶지 않을 만큼 당황스러운 수준이었다. 조금 심하게 이야기하자면 오늘 처음 섹스를 해도 이것보다는 잘할 것 같은 그런 느낌이었다고나 할까. 머릿속이 혼란스러워 말없이 그의 품에 안겨 있는데 그가 조심스레 입을 열었다.

"오빠 사실 이제까지 매번 원나잇만 했었어, 예전엔 한 달 내내 클럽에서 이 여자 저 여자 바꿔가면서 섹스를 한 적도 있긴 했는데, 한 번 잔 여자하곤 또 못 자겠더라. 신비감도 떨어지고 왠지 암튼 그렇더라고."

뭔가로 한 대 얻어맞은 것처럼 머리가 띵했다. 그의 목소리는 단호했고 한없이 차가웠다. 다시는 연락하지 말라며 그는 한마디를 덧붙였다.

"넌 '똑똑'하니까 알아서 잘할 거라고 생각해."

섹스도 별로였는데 말도 안 되는 이유로 차이기까지 하다니, 어이가 없었다. 분해서인지 그를 그 짧은 며칠 사이에 좋아하게라도 된 건지 원인을 알 수 없는 눈물이 두 볼을 타고 흐르기 시작했다. 이럴 줄 알았으면 너 섹스 진짜 별로였다고 말이라도 해 줄 걸. 그가 말하는 '똑똑'한 여자란 섹스하고 나서 차여도 질척거리지 않고 얌전히 꺼져 주는 여자를 말하는 거겠지. 미안하지만 난 아닌데. 분풀이라도 하고 싶었지만 그는 전화를 받지 않았고, 목매는 것처럼 보이고 싶지 않아서 그만뒀다.

나에게 섹스는 관계의 시작이자 끝과 같았다. 섹스는 관계를 시작할까 말까를 결정하는 리트머스 종이가 되기도 하고, 관계를 여는 시작점이 되기도 했으며, 관계를 끝맺음하는 이유가 되기도 했다. 섹스가 정말 하고 싶어서 하기도 했지만, 어떻게 보면 섹스가 주는 보이지 않는 안정감에 집착했던 것 같기도 하다. 섹스를 하고 나면 왠지 그와 더 가까워진 느낌이 들었다. 전혀 모르던 사람과 갑작스럽게 연애를 시작하곤 했던 나는, 섹스로 각자 살아온 시간의 간극을 채우려고 했다. 내 살에 맞닿는 그의 살이 좋았고 그 시간과 순간이 좋았다. 섹스로 관계의 시작을 열었지만 뜨거운 섹스 후에 갑자기 사랑에 빠져 버린 내 모습을 보며 스스로 혼란스러워하기도 했고, 때론 섹스 파트너와 애인 사이쯤에 끼인 관계 속에서 공허함을 느끼기도 했다. 널 사랑하지 않는다고 딱 잘라 말하며 오로지 나와의 관계에서 섹스만을 원하는 그에게 상처를 받기도 했다. 그깟 섹스가 뭐라고 상처를 받는 내 자신이 너무 구질구질해 보여서, 상처받지 않은 척하기도 했지만, 그래 봤자 나에게 돌아오는 건 없었다.

내가 한창 글로 섹스를 배우던 초등학교 시절, 배우 서갑숙은 《나도 때론 포르노그라피의 주인공이고 싶다》를 들고 나와 화제가 되었다. 병원에 갈 때마다 즐겨 봤던 〈주부생활〉, 〈여성동아〉와 같은 잡지엔 그녀에 대한 기사가 빠지지 않았다. 누가 볼까 봐 숨죽이며 병원 구석에 숨어 기사를 찬찬히 읽곤 했었다. 그녀는 사람들 사이에서 성해방의 아이콘처럼 떠올랐다. 서갑숙의 명기 단련법, 케겔운동이 입소문을 타고 유명해졌으나 그녀 자신은 외설 논란에 휩싸여 모든 방송 활동에서 하차해야만 했다.

그 뒤로 미국 드라마 〈섹스 앤 더 시티sex and the city〉가 유행하면서 주인공 중 한 명인 사만다처럼 자발적으로 섹스 하는 여자가 본격적으로 주목받기 시작했다. 남자에게 침대에서 사랑받는 여자가 되려면 어떻게 해야 된다는 등의 각종 섹스 자기계발서가 쏟아져 나왔다. 어려서부터 안팎으로 몸을 소중히 다뤄야 한다는 순결교육을 받고 자란 여성들은 갑작스런 사회적 변화에 혼란스러웠다. 섹스를 하지 않는, 그러니까 자신의 섹스 제안을 거절하는 여자들을 향해 남자들은 '솔직해지라'며 훈수를 뒀다. 성해방을 몸으로 실천하고자 남성들의 섹스 제안을 거절하지 않고 받아들이던 여성들은 이게 과연 주체적인 섹스인가 싶어 스스로 자괴감에 빠지기도 했다.

많은 시간이 지났지만 그때 이후로 여성의 자발적 섹스와 주체적 섹스에 대한 논의는 한 발자국도 더 앞으로 나아가지 못했다. 자발적으로 섹스를 하는 여자들은 쉽게 침대로 끌고 갈 수 있다는 점에서 여전히 남자들에게 인기 있지만, 남자가 더 이상 원하지 않으면 질척대지 않고 꺼져 줘야 하며, 섹스에 대한 자기 생각을 주체적으로 말하는 순간 비호감 1순위로 등극하기 때문에 입을 다물어야 한다.

오로지 섹스만을 즐길 줄 아는 여자는 쉽게 다리 벌리고 다니는 년이라고 욕먹고, 섹스하고 싶은데 '허락'해 주지 않는 여자는 비싸게 군다고 욕먹으며, 버리려는데 자꾸 눈치 없게 들러붙는 여자는 구질구질하다고 욕먹는다. 그 어디에도 '여자'들의 욕망과 생각에 대한 이야기는 없다. 남자들 비위 맞추는 법만이 침대에서 남자에게 사랑받는 법이라는 그럴싸한 이름으로 포장돼 여자들을 현혹시킬 뿐이다.

'남자는 질투의 동물이기 때문에 섹스를 했어도 안 한 척 최대한 경험이 없는 것처럼 보여야 된다. 팬티 벗길 때도 허리는 절대 들지 말아야 한다. 남자는 섹스를 하고 나면 금방 싫증을 느낄 수 있으니 항상 새로운 이벤트를 준비해라. 남자는 시각에 예민하니 야한 속옷을 입어라. 침대는 여자하기 나름이다. 자지만 빨지 말고 불알과 항문 사이를 핥아라. 섹스를 많이 하면 보지가 늘어날 수 있으니 케겔운동을 꾸준히 해라. 남자는 의외로 섬세한 동물이니 섹스가 불만족스러워도 잘 돌려서 말해야 한다. 남자의 자존심을 죽이면 발기부전의 원인이 될 수 있다.'

조금만 바꿔 생각해 보면 전부 모든 일의 책임을 여자에게 돌리려는 말임을 알 수 있다. 발기부전도 남자 자존심 못 세워 준 여자 탓, 침대 분위기가 시들해도 섹시하지 못한 여자 탓, 싫증나서 바람나도 여자 탓, 쉬운 여자 취급받아도 다리 벌린 여자 탓.

2015년, 개그맨 장동민이 과거에 팟캐스트 방송에서 했던 여성혐오 발언이 화제가 된 적이 있었다. 여러 가지 어이없는 발언들이 있었지만 내 뇌리에 박힌 건 "여자들은 멍청해서 과거 성경험을 이야기한다"라는 한마디였다. 과거에 여자가 섹스를 했건 안 했건 알고 싶지 않다는 거다. 남자가 아무리 섹스를 못해도 비교할 대상이 없는 여자, 혹은 비교해서 말하지 않는 여자. 남자로서의 자존심을 죽이지 않을 여자. 항상 "너무 좋아, 오빠. 오빠가 최고"라고 말해 주는 여자. 그러니까 바꿔 말해서 '우쭈쭈 우쭈쭈' 잘해 주는 여자. 그게 바로 그들이 말하는 '똑똑한 여자'다. 낳아 주고 키워 줬음 됐지 대체 언제까지 여자들 손 타면서 살 생각인지 모르겠다.

장동민의 발언은 많은 이들의 공분을 샀다는 점에서 대다수 남성들의 생각이 아니라 '일부' 남성들의 생각일 거라고 믿고 싶다. 하지만 내가 보기에 남자들 비위 맞추는 방법을 가르치는 온갖 종류의 섹스 자기계발서가 하는 말들과 저 발언은 결국 여자 탓을 한다는 공통점을 가지고 있다. 한 끗 차이라는 말이다. 많은 여성들이 저 개그맨의 발언에 화를 냈던 만큼 이제 바뀔 때도 되었다. 이제 질릴 때도 되지 않았나. 수첩에 적어 가면서 외웠던 남자에게 침대에서 사랑받는 법이 정말 어젯밤 섹스를 즐겁게 해 줬나? 아마 아닐 거라 생각한다. 고백하자면 나도 한때는 섹스로 사랑받는 여자가 되기 위해서 온갖 패션지의 섹스 칼럼을 탐독하고, 그대로 따라하며 시간을 보낸 적이 있었다. 물론 '잘한다'는 말을 들으면 뿌듯하기도 했지만 그뿐이었다. 정작 내가 원하는 섹스는 거기에 없었다.

이제 내 몸의 소리에 귀를 기울여 보자. 내가 지금 섹스를 하고 싶은지 아닌지, 하고 싶다면 어떤 섹스를 하고 싶은지, 지금 난 어디에 있는지, 내 몸의 성감대는 어디인지, 지금 하고 있는 섹스가 정말 만족스러운지. 정말 하고 싶어서 섹스를 했다면 혹시나 그 남자가 떠나가더라도 후회하지 않을 수 있다. 중요한 건 '남의 욕망'이 아니라 '내 욕망'을 아는 것이다. 그리고 내가 찾아낸 '내 욕망'을 입 밖으로 낼 수 있어야 한다. 물론 처음에는 하기 힘들 수도 있다. 이 시대의 대다수의 여자들은 섹스에 대해 말하지 않는 법을 배워 왔고, 섹스에 대해 모르는 것이 여자의 미덕이라 배워 왔기 때문에 어떻게 보면 힘든 게 당연하다. 하지만 거울을 보고라도 천천히 조금씩 연습해 보는 게 필요하다. 거울에 비친 자신의 얼굴을 보고 섹스에 대해 이야기하는 것이 쑥스럽다면, 옆에 누군가가 있다 상상하고 말해 보자. '섹스하고 싶다'거나 '지금 나 너무 꼴려'와 같이 자신에게 내재된 섹스의 욕망을 인정하는 말을 해 보는 것만으로도 도움이 될 수 있다.

섹스에 대해서 글을 쓰는 탓인지 난 매일 같이 섹스를 하고, 언제든 섹스 제안을 받아들일 거라는 '오해'를 받으며 살아간다. 안타깝게도 그러고 싶지만 그럴 만큼 체력이 좋지 못하다. 섹스에 대한 이야기를 편하게 한다는 이유로 전혀 상상하지 못한 상황에서 '한 번 할래?'라는 제안을 받기도 하고, 자지 스펙을 상세히 적은 섹스하자는 메일을 종종 받곤 한다. 다른 섹스 칼럼니스트들이 종종 인터뷰에서 "저 생각보다 얌전해요", "섹스 칼럼니스트가 헤프다는 건 선입견이에요"라며 얼마나 자신이 바람직한 여성인지를 드러내려고 애쓰는 걸 보면 (보고 있으면 참 안타깝지만) 이건 나만 겪는 일은 아닌 듯하다. 아마 이건 섹스에 대해서 글을 쓰거나 편하게 말을 하는 여자가 그만큼 적다는 뜻이기도 할 거다. 눈치 없이 들이대는 남자들의 객체 수가 많다는 증거이기도 하고.

이런 '취급'이 무서워서 섹스에 대해 말하기를 피한다면 더 이상의 발전은 기대하기 어렵다. 침대에서 더 이상 오르가슴을 연기하지 않고, 자지가 작은 남자에게 오럴섹스나 핑거섹스로 나를 더 즐겁게 해 줄 것을 요구하며, 좋아하는 체위에 대해 말하고, 섹스하기 싫은 날은 싫다고 말하는 순간, 더 재미있는 세상이 눈앞에 펼쳐질 거라고 장담한다.

성해방은 섹스를 좋아하는 것도, 섹스를 무조건 많이 하는 것도, 섹스 제안을 거절하지 않는 것도, 섹스 후에 신비감이 떨어졌다고 차여도 상처받지 않는 것도 아니다. 어떤 것이 좋고 어떤 것이 싫은지 자유롭게 말할 수 있는 것이 바로 성해방이다. 섹스에 대해서 여자들이 두려워하지 않고 입을 열 때, 여자들이 자신의 '욕망'에 대해 알 때 비로소 진정한 성해방의 시대가 열릴 것이다.

세상에
'같은' 여자는
없다

그는 내가 '대학에 들어와서' 처음 사귄 남자였다. 그의 지갑에서 여자 사진을 발견했을 때도, 그의 서랍 맨 아래 칸에서 위아래가 뚫린 붉은색 '섹시 속옷'을 발견했을 때도 난 그가 아직 물건 정리를 못한 줄로만 알았다. 그래. 회사 일이 바쁘다 보면 이런 건 정리 못할 수도 있지. 아마 여기 넣어 놓았던 것도 잊었을지 몰라. 물건 정리보다 마음이 중요한 거니까. 이런 일로 화를 내는 건 어딘가 촌스럽잖아.

하지만 자꾸 물건이 마음에 걸렸다. 그가 옷을 벗고 내 위에서 움직일 때마다 그의 두툼한 어깨 너머로 서랍이 보였고 '섹시 속옷'이 춤추며 서랍 밖으로 튀어나올 것 같은 기분이 들었다. 그가 지갑에서 카드를 꺼낼 때마다 사진이 같이 딸려 나올 지도 모른다는 생각이 나를 괴롭혔다. 그에게 오랫동안 사귀어 온 애인이 있다는 사실을 알게 된 건 그와 만난 지 한 달 정도 지난 후였다. 그것도 그가 먼저 말한 건 아니었다. 도무지 마음이 답답해서 그대로 참고 있을 수 없던 내가 먼저 입을 열어야 했다.

보려고 한 건 아니었다. 어쩌다가 보게 된 거다. 신경이 쓰이는데 적어도 내 눈에 띄지 않게라도 처리해 주면 안 되겠냐는 내 말에 그는 머뭇거리다가 대답했다.

"나 사실은 여자친구 있어. 미국에 유학 가 있어서 굳이 말 안한 건데. 거의 헤어진 거나 마찬가지거든. 별로 중요한 건 아닌 것 같아서 말 안 했어."

헤어진 거나 마찬가지라는 말은 아직 헤어진 건 아니라는 말 아닌가. 그래서 어떻게 할 거냐고 묻자 그는 알아서 정리하겠다고 말했다. 더 물어보고 싶은 말들이 남아 있었지만 그를 괴롭히고 싶지는 않았기에 일단은 넘어가기로 했다. 그리고 얼마 후 그는 그녀에게 헤어지자는 메일을 보냈다는 이야기를 해 주었다. 그래. 멀리 있으니 얼굴 보고 헤어지자고 말할 수는 없었을 테니까. 그와 나는 별일 없었다는 듯이 다시 열심히 섹스를 하고 밥을 먹고 술을 마셨다.

그렇게 평화로운 나날들이 쭉 이어졌으면 좋았겠지만 얼마 뒤 일이 터지고 말았다. 그에게 메일을 통해 일방적으로 헤어짐을 통보받은 그녀가 그가 활동하던 인터넷 커뮤니티 게시판에 글을 하나 올린 것이다. 글 내용은 꽤나 상세했다. 그가 그녀와 얼마나 오랫동안 어떤 관계로 만나 왔는지, 어떻게 섹스를 했었는지, 섹스할 때 어떤 체위를 요구했는지 자세히 적혀 있었다. 그를 섹스로 만족시키기 위해 자신이 얼마나 노력해 왔는지에 대해서도. 눈을 감으면 머릿속에 영상이 그려질 만큼 묘사력이 뛰어난 글이었다. 그녀가 받은 상처와 충격, 그에 대한 복수와 원망이 문장 사이사이에 묻어 있었다. 그녀의 글을 본 뒤 나는 너무나 괴로웠다.

그는 자신도 피해자라고 말했다. 그러나 원치 않게 자신의 섹스 라이프가 까발려진 그가 느꼈을 당혹스러움을 도닥이기엔 내가 받은 충격도 만만치 않았다. 게다가 멀리 있지만 않다면 차라리 그보다는 그녀를 안아 주고 싶었다. 그는 아무리 화가 난다고 해도 이렇게까지 할 줄은 상상도 못했다며 그녀와의 좋았던 기억도 다 지우고 싶다고 말했다. 그는 그녀를 '미친년' 취급했지만 나는 그녀의 분노가 정당하다고 생각했다. 나 같아도 그럴 것 같았다.

게다가 그녀는 그에게 단순히 헤어지자는 내용의 메일을 받은 게 아니었다. '헤어지자'라는 한 문장짜리 메일이었다면 성의는 없어 보였을지라도 차라리 나았을지 모른다. 그녀가 공개한 그에게 받은 메일은 내가 봐도 어이없었다. 그녀와 만나는 동안 해왔던 섹스가 너무 좋아서 지금 만나는 여자와의 섹스에서 만족을 느낄 수 없다며 그녀를 원망하는 내용이었다. 그녀는 섹스 취향이 다소 까다로웠던 그를 만족시키기 위해 매 섹스 온 힘을 다했던 자신이 너무나 싫다는 이야기도 덧붙였다.

그는 내게 그 글이 사실이 아니라며 자신의 말을 믿어 달라고 말했지만 나는 그 글이 사실이라고 생각했다. 그 글이 내게 가져다준 트라우마는 생각 이상으로 강력했다. 그가 내 가슴을 만질 때마다 가슴이 유난히 컸다는 그녀의 모습이 지갑 속 사진과 겹쳐져 떠올랐고, 그가 그녀의 큰 가슴 사이에 자지를 끼우고 앞뒤로 움직이는 영상이 내 머릿속에 펼쳐졌다.

그와 내가 만나서 지금까지 줄곧 섹스하던 침대가 그녀가 유학 가기 전 자취방에서 사용하다가 그에게 넘기고 간 것이었다는 사실을 알게 되자, 그 침대에서 더 이상 섹스를 할 수가 없었다. 그에게 나와 만나기 전 섹스했던 다른 여자들이 있었다는 사실을 모르던 것은 아니었다. 내가 그를 만나기 전 다른 사람들과 섹스를 해 왔듯 그도 당연히 다른 사람들과 만나고 섹스를 해 왔을 것이다. 내가 상처를 받은 지점은 그가 다른 여자와 섹스를 했었다는 사실 그 자체가 아니었다.

난 나와의 섹스가 적어도 지금은 그에게 '특별'할 거라 생각했는데 그 글은 그 생각조차 내 착각이었다고 말해 주었다. 그에게 내가 특별하기는커녕 만족스럽지 못한 섹스를 하는 대상일 뿐이었다니. 무뎌지기 위해서 그가 그녀에게 보낸 메일을 곱씹어 읽으며 그녀와 그가 어떻게 섹스했을지, 그녀가 그와 섹스할 때마다 어떤 노력들을 했을지 떠올렸다. 하지만 무뎌지기는커녕 읽을수록 더욱 선명하게 떠올랐다. 그렇게까지 하면서 만나야 되나 싶어 헤어지려고도 했지만 난 이미 사랑에 빠진 상태라 생각처럼 헤어짐이 쉽지 않았다.

나는 글의 충격에서 벗어나지 못한 상태로 그를 계속 만났다. 그는 내 마음을 다독이기는커녕 그녀에게 보낸 메일에서처럼 섹스가 만족스럽지 못한 이유를 계속 '나와 그녀'에게 돌렸다. "네가 못해서 내가 만족하지 못하는 게 사실이긴 하다"라면서 그녀가 얼마나 자신과 열심히 섹스를 했는지 설명했다. '지루'였던 그는 콘돔을 끼고는 사정을 하지 못했다. 그는 콘돔을 끼면 '아무 느낌'도 나지 않는다고 말했다. 섹스에서 사정의 유무가 중요한 건 아니겠지만 그는 꼭 매번 사정하고 싶어 했다. 게다가 그는 입이나 손이 아닌 '보지'를 통해 사정하고 싶어 했다.

그의 사정을 위해 어떨 때는 삽입 섹스를 두 시간 가까이 한 적도 있었다. 고도 비만이었던 그가 내 위에서 움직이기를 힘겨워하면 내가 그의 배 위로 올라가 허리를 돌리기도 했다. 그가 원하는 대로 콘돔을 쓰지 않았지만 그는 쉽게 사정하지 못했다. 그럼에도 그는 자신이 사정하지 못하는 원인을 자신이 아닌 나에게 돌렸다. 어릴 때부터 섹스를 했다면서 아직도 이렇게 밖에 못하냐는 말까지 했다. 이 정도로 섹스를 '해 주면' 다른 여자들은 몸을 부르르 떨면서 소리를 질렀다. 어떤 여자는 울기까지 했고 흥분하면 다들 너보다 더 많이 보지가 좁아졌다. 너는 대체 뭐냐. 소리를 지르든 몸을 떨든 보지를 쪼이든 뭐라도 해 봐라. 그래야 내가 흥분할 것 아니냐.

그는 자신이 섹스를 잘한다고 믿어 의심치 않았다. 자신과 섹스를 했던 모든 여자들이 환호성을 지르며 만족했으니 내가 만족하지 못하는 건 전부 네 탓이라고 생각하는 듯 했다. 마치 자신이 알고 있는 여자를 뿅 가게 하는 비법이 있고 그 비법이 '모든 여자'에게 통한다고 믿고 있는 듯했다. 그가 묘사하는 '흥분한 여자'의 이미지도 매한가지였다. '여자'라고 해서 모두 같은 방법으로 흥분하고 오르가슴을 느끼는 것도 아닌데 말이다. 아마 지금이라면 그에게 "네가 못하는 거거든! 그렇게 못마땅하면 네가 손으로 해! 그리고 나는 흥분해도 안 그러거든!" 하고 소리쳐 줬을 거다.

하지만 그때 나는 입으로 손으로 보지로 그를 '만족'시키기 위해 필사적으로 노력했다. 지금은 이해가 되지 않지만 그때는 그랬다. 지나고 나서 돌아보면 나도 이해할 수 없는 행동을 했던 과거가 있기 마련이다. '그녀와 나'는 같은 '여자'이지만 동시에 다른 '여자'다. 그녀와 내가 똑같은 표정을 지으며 흥분할 수 있을 리 없고 똑같은 방법으로 섹스할 수 있을 리도 없다. 내 탓도 아니고 그녀의 탓은 더더욱 아니었다. 잘못은 '나와 그녀'를 '여자'라는 이유로 같은 선 위에 두고 끊임없이 비교한 그에게 있었다.

난 내가 만족하고 있는지 신경 쓰기보다 그를 만족시켜야 한다는 강박에서 허덕였다. 어깨가 빠질 것 같은 기분이 들었지만 그의 자지를 손에 잡고 열심히 흔들었다. 입이 얼얼해질 때까지 그의 자지를 힘 있게 빨았다. 때로는 그가 더 흥분할 수 있도록 신음소리를 연기하기도 했다. 아무리 손으로 흔들고 입으로 빨아도 사정은 꼭 보지를 통해서 하기를 바랐지만. 사정에 성공한 뒤 그는 '진짜 좋았다'는 말을 하며 나를 끌어안았다. 그와 만나고 섹스 하는 내내 나는 그렇게 한 번도 만난 적 없는 그녀와 경쟁하며 '열심히' 섹스했다.

그렇게 열심히 섹스하다 보니 어느 순간 난 오럴섹스, 핸드잡 등 다양한 영역에서 '레벨 업'했다. 섹스할 때마다 그의 배 위에 올라타서 움직여 댔더니 효과적으로 허리 움직이는 방법도 몸에 익었다. 그에게도 '잘한다'는 말을 듣기 시작했다. 내가 생각해도 예전보다 섹스를 잘하게 된 기분이 들 정도였다. 다른 사람들에게 '나 섹스 잘한다'며 우쭐대기도 했다. 어차피 해 보기 전까진 모르니 섹스할 가능성이 없는 사람들한테 뺑도 조금 섞어서. 다른 남자들에게도 '레벨 업'한 나의 섹스 실력이 먹히는지 궁금했다. 그리고 드디어 기회가 찾아왔다. 평소처럼 열심히 자지를 손으로 살짝 잡고 귀두 중심을 혀로 핥고 있는데 그가 나에게 한마디 했다.

"잘한다더니, 계속 귀두만 핥는 게 잘하는 거야?"

벼는 익을수록 고개를 숙여야 한다더니 그의 한마디에 나는 다시 쪼그라들고 말았다. 자신이 과거에 만났던 여자들과 나를 끊임없이 비교했던 그 남자처럼, 나도 그에게 트레이닝 받으며 익혔던 기술을 응용 없이 다른 남자에게 써먹으려 했던 것이다. 누구는 귀두를 많이 빨아 줘야 좋아하고 누구는 불알을 입 안에 넣고 굴려 주길 바라는 법인데, 처음 섹스를 하는 상대한테는 지난 섹스에서 써먹던 스킬을 그대로 쓰는 게 아니라 이곳저곳 시도해 보면서 눈치를 봐야 하는 건데, 내가 실수를 한 거다. 난 참 착하게도 바로 실수를 인정하고 그에게 그럼 어떻게 해 주는 걸 좋아하냐고 물었다. 그의 대답은 이거였다.

"네가 알아서 찾아야지. 그걸 굳이 말로 해야 돼?"

좀 재수 없었지만 그의 말이 맞았다. 대화는 중요하지만, 해 보지도 않고 무작정 질문을 하는 건 손 안 대고 코 풀려는 거나 마찬가지로 성의 없는 태도니까.

섹스는 수학공식처럼 딱 떨어지지 않는다. 어제까지 분명히 만지기만 해도 자지러졌던 나의 비밀스런 성감대가 오늘도 성감대일 것이라는 절대적인 법은 없다. 오늘 누가 어떻게 만지는가에 따라 완전히 다른 결과를 가져오는 것이 바로 섹스다. 상대방에 따라 좋아하는 체위가 완전히 달라지기도 한다. 아침에 눈을 뜨면 어떤 하루가 펼쳐질지 알 수 없는 것처럼, 섹스도 마찬가지다. 그렇기 때문에 더 재미있기도 하고, 어렵기도 하다. 온갖 상상력과 응용력을 동원해야 하는 것이 바로 섹스다. 내가 그걸 잠시 잊고 있었던 거다. 난 다시 겸손한 마음으로 섹스를 했고, 많은 남자들로부터 '잘한다'는 이야기를 듣게 되었다. 헤어진 후 1년 만에 다시 만난 남자에게 다른 건 몰라도 네가 입으로 해 주던 건 아직도 기억난다는 말을 듣기도 했다. 난 '착하게' 파트너의 입장을 고려하며 그렇게 발전해 나갔다. 한편으론 씁쓸했지만 어쨌든 내 노력의 결실이니 뿌듯하기도 했다.

그렇게 열심히 자지만 빨고 다니던 내 섹스 인생 12년 만에 새로운 막이 열렸다. 여자를 만나게 된 거다. 여자를 만나면서 내가 그동안 열심히 쌓아왔던 섹스 스킬은 다시 '레벨 1'이 되었다. 여자 몸은 여자가 잘 안다는 말이 있다. '같은' 여자니까 어디를 공략해야 좋을지 알 수 있을 거라는 뜻이다. 나도 여자를 만나기 전까지는 그럴 줄 알았다. 아무래도 '같은' 여자니까 내 몸 만지듯이 하면 다들 좋아할 거라고 생각했다. 그러나 역시 섹스는 그렇게 간단하지 않았다. 손가락을 삽입하고 흥분한 상태로 정신없이 움직이다가 손톱으로 질 벽을 긁어서 피를 내기도 했고, 클리토리스를 빠르게 만지다가 마찰 때문에 아프다며 그만하라는 소리를 듣기도 했다. 레즈비언 섹스의 상징인 '보지 비비기'는 자세잡기가 어찌나 어렵던지. 자기만 받으려고 하면서 내 옷도 안 벗기는 여자를 만난 적도 있었지만, 섹스할 때 한 번도 옷을 벗은 적이 없이 상대방에게 해 주기만 했다는 그녀의 바지를 벗기느라 한 달이 꼬박 걸린 적도 있었다. 손가락이 겨우 하나만 들어가는 여자도 있었고, 손가락을 네 개나 넣었는데도 더 넣어 달라고 하는 여자도 있었다. 가뜩이나 모든 게 처음인데 만나는 여자마다 또 각양각색이니 정신이 없었다. 그만큼 다양한 섹스를 할 수 있어서 재미가 있기도 했지만 정말 어려웠다.

누군가 나에게 물은 적이 있다. "손으로 보지를 얼마나 만져야 여자가 오르나요? 10분? 20분?" 그땐 좀 어이가 없어서 대충 잘 모르겠다고 답했지만, 지금은 이렇게 답하고 싶다. "오를 때까지." 어딜 어떻게 만져서 오르게 하는가를 알아내는 건 네 몫.

현란한 '핑거섹스' 기술로 유명한 한 일본 배우의 야동이 유행했던 적이 있었다. 야동 좀 봤다 하는 사람들은 한 번쯤 다 봤을 만큼 인기 있었다. 섹스에 매뉴얼이 있길 바랐던 사람들도 하나 같이 그 영상을 찾아봤다. 물론 연구를 하지 않는 것보다야 뭐라도 보면서 연구하는 자세가 아름답긴 하다. 그 영상이 어느 정도 방향성을 제시해 줄 수는 있을지도 모른다. 하지만 정말 그 영상을 그대로 따라 하기만 하면서, 모든 여자가 좋아할 거라 생각한다면 오산이다. 갑자기 이 말을 꺼내는 건 그 영상에서 봤다면서 내가 아프다는데도 전혀 말을 듣지 않고 계속 하려는 몇몇 분들을 만난 적이 있었기 때문이다.

워낙 어렵다 보니 어떻게 해야 할지 모르겠고, 그래서 지푸라기라도 잡는 심정으로 매뉴얼을 찾는 그 마음은 알겠다만, 섹스는 절대 수학공식이 아니다. 내 몸만 해도 매일매일이 다른데, 다른 사람의 몸이 전부 같길 바라는 건 말도 안 된다. 누군가 다른 여자들은 이렇게 해 주면 다 좋아했는데, 넌 왜 목석같이 누워만 있느냐고 묻는다면 이렇게 말해라.

"네가 못해서."

세상에 '같은' 여자는 없다. 아니, 세상에 '같은' 사람은 없다.

오르가슴,
오르가슴?
오르가슴!

오르가슴, 오르가슴? 오르가슴!

지스팟G-spot, 질 안쪽 약 3센티미터 정도에 위치했다는 비밀의 스팟. 자극을 받으면 동전 크기만큼 부풀어 오르면서 강렬한 오르가슴을 선사한다는 신비의 스팟. 여자들은 지스팟만 제대로 자극해 주면 오르가슴에 오를 수 있기 때문에 사실상 자지 크기는 섹스에 큰 영향을 미치지 않는다는 말을 처음 들었을 때, 난 지스팟을 자지 작은 남자들 힘내라고 만들어 낸 미지의 스팟으로 생각하고야 말았다. 나중에 관련 자료를 찾아보고 독일의 한 산부인과 의사가 진지하게 연구한 뒤 명명한 곳이었다는 걸 알게 되었지만, 처음엔 정말 자지 작은 남자들을 위해 만들어 낸 곳인 줄 알았다. 뭐, 어쩌면 자지 작은 산부인과 의사가 뭐라도 만들어 내려고 애쓴 결과물일 수도 있겠다만. 사실 지금도 마음 한구석에는 그런 의구심을 품고 있다. 영국 런던 킹스대 연구진은 2010년에 일란성 및 이란성 쌍둥이인 영국 여성 1,800명을 대상으로 지스팟에 대한 연구를 한 적이 있다. 유전자가 똑같은 일란성 쌍둥이나 확률이 50퍼센트인 이란성 쌍둥이 그 어디에서도 지스팟 유무에 대한 특별한 패턴이 나타나지 않았고, 연구진은 '지스팟이 아예 존재하지 않을 가능성이 높다'는 결론을 내렸다. 연구를 이끈 앤드리아 버리 박사는 "지스팟이 없다고 불안해하는 여성들의 좌절감을 없애 주고 싶었다"라며 "한 번도 검증된 적 없는 실체의 존재를 주장하며 압박감을 주는 것은 무책임한 일"이라고 말했다고 한다. 난 이 연구결과를 보고 내 생각이 어쩌면 정말 맞았을지도 모른다는 생각을 멈출 수 없게 됐다.

여자들의 몸은 오로지 섹스에 한해서만 끊임없는 연구의 대상이 되었다. '여자들은 성적 반응 초기에는 클리토리스에 집착하다가 성숙한 여인이 되면 질 오르가슴을 느끼게 된다'는 프로이트의 '질 오르가슴의 우월성' 이론이 나온 이후로 질 오르가슴과 클리토리스 오르가슴에 대한 연구는 계속되었다. 대대수의 여자는 질이 아닌 클리토리스로 오르가슴을 느낀다는 킨제이의 반박이 있었고, 여자의 오르가슴은 사실상 심리적인 것이라는 한 섹스학자의 연구가 있었다가, 클리토리스의 위치와 크기가 여성의 오르가슴을 좌우한다는 연구도 있었고, 여성 주도적인 체위로 클리토리스를 자극하면 여성 불감증도 퇴치할 수 있다는 연구가 있었다. 여성의 오르가슴이 성적 접촉에 따라 기능적 차이가 있다고 했다가, 질 오르가슴은 존재하지 않는다는 연구결과가 나오기도 했다.

어찌나 잊지 않고 끈질기게 보지에 대해 연구를 해 주시는지 고마워서 눈물이 다 날 지경이다. 그나저나 왜 비싼 연구비 들여서 같은 연구를 계속 하는 걸까. 오로지, 질 오르가슴이냐, 클리토리스 오르가슴이냐, 그것도 '있다, 없다' 이 한 가지만을 가지고 왜 이렇게 오랫동안 연구를 해 온 걸까. 진정 오르가슴을 느끼고 싶은데 못 느껴서 심적으로 고통받는 여성들이 좀 더 쉽게 오르가슴에 오를 수 있기를 바라는 순수한 마음만으로 이렇게 오랫동안 연구를 해 왔을까?

클리토리스 자극만으로도 오르가슴에 오를 수 있다는 사실이 처음 밝혀졌을 때 자지에 자부심 있던 이성애자 남성들은 충격을 받았다. '남자' 없이도 오르가슴을 느끼는 것이 가능하다는 사실을 대다수 이성애자 남성들은 받아들이지 않거나 받아들이기 힘들어했다. 그런 맥락에서 지금도 일부 이성애자 남성들은 자지 없는 레즈비언 섹스를 가짜라고 생각한다. 하지만 클리토리스 자극만으로도 오르가슴을 느낄 수 있다는 사실은 자지가 작은 남성들에게 '나도 할 수 있다'는 희망을 주기도 했으며, 여자가 오르가슴을 느끼지 못할 경우에 원인을 오로지 '여자'에게로 돌릴 수 있는 열쇠가 되기도 했다.

또, 클리토리스의 크기가 클수록 여자가 오르가슴을 잘 느낄 수 있다는 최근의 한 연구는, 자지 크기로 괴로워하던 남자들이 고통을 여자들과도 함께 나눌 수 있는 계기를 마련해 주기도 했다. 게다가 오르가슴을 잘 느끼기 위해서는 여자들이 주도적인 체위로 섹스를 해서 클리토리스에 자극을 제대로 줘야 한다는 이야기까지 나왔으니, 아, 이 정도 수확이면 오랫동안 연구해 온 보람이 있다.

여자가 클리토리스만으로도 오르가슴에 오를 수 있다는 말은 어느 정도 사실이긴 하다. 인간의 몸에서 클리토리스만큼 오로지 섹스만을 위해 존재하는 기관이 또 있을까. 잘 자고 있다가 갑자기 섹스를 하고 싶어져서 깰 때가 종종 있다. 그럴 때 난 눈도 제대로 뜨지 못한 상태로 침대 옆에 놔둔 바이브레이터를 집어 든다. 바이브레이터를 켜고 천천히 클리토리스를 자극하면 굳이 삽입을 하지 않고도, 순식간에 오르가슴에 오를 수 있다. 간편한 오르가슴이다. 난 이걸 인스턴트 오르가슴이라고 부른다. 배가 고플 때 사탕이나 초콜릿 정도로 어느 정도 허기를 채울 수 있는 것처럼 자다 깨서 비몽사몽 없는 정신에 섹스가 하고 싶을 때, 난 나에게 클리토리스가 있어서 정말 다행이라고 느낀다.

하지만 클리토리스만으로 '충분한' 오르가슴에 도달할 수 있냐고 묻는다면 난 고개를 좌우로 격하게 흔들고 싶다. 일단, 여기서 대체 그 '오르가슴'이란 게 뭔지 짚고 가 볼까. 사전적 의미의 오르가슴이란 정신적, 신체적으로 쾌감이 최고조에 달할 때를 말한다고 한다. 최고조라는 말은 상대적이다. 누군가에겐 온몸이 터져 버릴 것 같은 기분이 '최고조'의 쾌감이겠지만, 누군가에겐 짜릿짜릿한 기분이 '최고조'의 쾌감이다. 매번 섹스는 달라지고, 내 몸도 오늘이 다르고 내일이 다르기 때문에 '최고조'의 쾌감은 계속해서 달라질 수밖에 없다. 그렇기 때문에 난 섹스로 느낄 수 있는 쾌감을 전부 '오르가슴'이라고 부르고 싶다. 그렇게 생각하면 '오르가슴'의 스펙트럼은 정말 넓다.

짜릿짜릿하고 곧 화장실에 가야 할 것만 같은 기분부터, 몸이 계속해서 멈출 수 없이 떨리고 머릿속이 새하얗게 변해 버리는 기분까지. 여자의 오르가슴은 절대 단순하지 않다. 같은 바이브레이터로 클리토리스를 자극해도 어떤 생각을 하는가에 따라서, 손목의 스냅을 어떻게 쓰는가에 따라서 난 항상 다른 쾌감을 느낀다. 혼자할 때와 누군가 옆에 있을 때가 또 다르고, 같은 곳이라도 내가 만질 때와 누군가 만져 줄 때 그 느낌이 또 다르다. 기억을 더듬어 같은 상황과 같은 자극을 준다고 해도 안타깝지만 비슷한 오르가슴이라면 모를까 똑같은 오르가슴은 두 번 다시 오지 않는다.

질 오르가슴은 존재하지 않는다는 연구는 대체 여자가 어느 정도의 쾌감을 느꼈을 때를 '오르가슴'이라고 명명하고 연구를 진행했을지 궁금하다. 매번 다를 수밖에 없는 '오르가슴'과 상황에 따른 변화는 또 어떻게 처리했을지. 이토록 매번 달라지는 게 여자의 오르가슴인데, 그걸 전부 다 연구하는 건 불가능했을 거다. 젖은 탐폰과 손을 이용해서 자위를 하라고 시킨 다음, 초음파 스캔을 통해 어느 부위가 어떻게 반응하는지를 알아봤다는 2014년에 있었던 여성 오르가슴 연구에 대한 기사를 읽은 적이 있다. 아마 '질 오르가슴은 존재하지 않는다'는 멋진 결과를 내놓았던 연구도 이와 비슷한 방식으로 진행되었을 가능성이 높다. 정말 단순한 연구방식이다. 만약 제대로 연구했다면 '질 오르가슴은 존재하지 않는다'는 단순한 연구결과를 내놓았을 리도 없었겠지.

분명 클리토리스만 자극했을 때 느낄 수 있는 오르가슴이 있지만, 클리토리스만 자극한다고 해서 그 짜릿한 전율이 오로지 클리토리스에서만 느껴지는 건 아니다. 질이 수축과 이완을 반복하기도 하고 보지 안쪽이 뜨거워지는 느낌을 받기도 하며, 다리나 팔

오르가슴, 오르가슴? 오르가슴!

이 순간적으로 마비되는 것 같은 느낌을 받기도 하고, 온몸에 힘이 쫙 빠지는 것 같은 느낌을 받기도 한다. 클리토리스를 바이브레이터 혹은 손가락으로 자극했을 때 느끼는 오르가슴, 질에 자지 혹은 딜도나 손가락을 삽입했을 때 느끼는 오르가슴, 두 가지를 동시에 했을 때 느끼는 오르가슴, 애널 삽입으로 느끼는 오르가슴, 질과 애널에 동시에 삽입했을 때 느끼는 오르가슴, 질과 애널에 동시에 삽입하고 클리토리스를 자극했을 때 느끼는 오르가슴은 전부 다르다. 체위에 따라 느껴지는 쾌감의 정도도 다르고 다른 신체 부위를 어떻게 만지는가에 따라서도 다르다. 질 안쪽 3~5센티미터에 '지스팟'이 있을 거라는 가정을 하고 무작정 '넣었다 뺐다'를 반복하는 것만으로 오르가슴이 오거나 클리토리스를 비벼대는 것만으로는 오르가슴이 찾아오지 않는다. 누가 어떻게 만지는가에 따라서 매번 다르기 때문에 오르가슴의 결과도 사실상 예측 불가능하다.

왜 질 오르가슴, 클리토리스 오르가슴의 유무에 관한 연구만을 반복하는지 알 수가 없다. 할 수 있는 연구주제가 이렇게 무궁무진한데 말이다. 질 오르가슴이 없다는 연구결과가 나왔다는 기사를 보고 나서, '아, 그럼 오늘부터 삽입섹스 안 해도 되겠다'고 생각하는 사람이 몇이나 될까. 지스팟만 자극하면 오르가슴에 오를 수 있다고 하지만, 큰 자지를 원하는 여자들은 분명히 존재한다. '어떤 방법'으로 '어떤 오르가슴'을 느낄 수 있는가에 대해서는 말하지 않고 오르가슴을 느낄 수 있다 없다만을 가지고 이야기하는 건 여자들의 몸에서 일어나는 일들을 단순화하려는 시도로밖에 보이지 않는다.

정작 여자들이 어떤 섹스를 하고 싶은지 여자들의 욕망에 대한 이야기는 저 연구결과 어디에도 나와 있지 않다. 삽입을 했을 때 질 안 가득 느껴지는 묵직함. '넣었다 뺐다'를 계속했을 때 느낄 수 있는 보지가 터질 것만 같은 기분. '넣었다 뺐다' 하면서 클리토리스가 살짝 살짝 스칠 때 느껴지는 기분. 후배위로 삽입했을 때 느낄 수 있는 자궁 경부가 닿는 것과 같은 묘한 기분. 삽입한 채로 천천히 더 빠르게 움직이면 받을 수 있는 어딘가로 조금씩 올라가다가 결국은 정수리를 누군가 망치로 탕하고 때리는 것 같은 느낌! 온몸의 힘이 쫙 풀리고 머릿속이 하얗게 변하는 기분! 삽입이 아니고는 느낄 수 없는 것들은 대체 어떻게 설명할 건가?

클리토리스가 오르가슴에 중요한 역할을 하는 건 맞지만, 삽입을 동시에 하지 않으면 느낄 수 없는 쾌감이 분명히 존재한다. '질 오르가슴은 존재하지 않는다'는 연구결과가 나오면 그동안 삽입섹스를 원해 왔던 여성들은 그날부터 허벅지 바늘로 찌르면서 백날 클리토리스만 문지르고 있어야 하나? 질이 가득 차는 것 같은 묵직한 삽입을 좋아하던 여성들은, '아, 질 오르가슴은 존재하지 않는다는 데 난 돌연변이인 걸까' 하고 자괴감에 빠져야 하나?

더 재미있는 건 아무도 남자들의 섹스에 대해서는 이런 연구를 하지 않는 점이다. 그 누구도 귀두 오르가슴, 음경 오르가슴, 고환 오르가슴을 나누며 '있다, 없다'를 논의하거나 연구하지 않는다. 귀두에는 신비의 스팟이 있어서 그곳만 열심히 자극하면 삽입섹스를 하지 않고도 사정을 할 수 있다거나, 고환을 주무르는 것만으로도 사정이 가능하다는 연구 같은 건 절대로 하지 않는다. 여자보다 남자들을 대상으로 연구하는 것이 연구대상을 찾기도 더 수월할 텐데 말이다. 자지는 밖으로 보기 좋게 튀어 나와 있으니 굳이 그 깊숙한 동굴 안에서 일어나는 일을 연구하는 것보다 더 편할지도 모르겠다. 이런 여러 가지 장점이 있는데도 불구하고 남성의 섹스에 대해서는 그 오랜 시간동안 아무도 연구를 하지 않았던 이유가 정말 궁금하다. 어쩌면 연구비를 쥐고 있는 연구자의 대부분이 이성애자 남성이라, 남자들의 섹스보다는 여자들의 섹스가 더 궁금해서 그랬었는지도 모르겠다만. 제발 이제 이런 재미없는 연구는 그만해 줬으면 좋겠다. 지스팟, 질 오르가슴, 클리토리스 오르가슴의 유무보다 중요한 건 여성들이 어떤 섹스를 원하고 있는가이다.

노력 끝에 남자들에게 '잘한다'는 소리를 듣곤 했던 나였지만, 그때 난 내가 원하는 섹스를 하고 있지 않았다. 삽입을 원하지 않던 날에도 조금만 참으면 된다는 생각으로 삽입섹스를 했고, 팔이 아프지만 열심히 흔들었다. 어느 순간 내가 대체 뭘 위해서 이러고 있나 싶은 생각이 들었다. 내 몸에 집중하면서부터 느낄 수 있는 오르가슴이 달라졌다. 내가 어떤 섹스를 원하는지 알기 위해서는 먼저 내 몸에 대해 아는 것이 중요하다. 지스팟이 어디 있나 한번쯤 손가락을 넣어 질 구석구석을 만져보는 건 그런 점에서는 의미 있을 수도 있겠다. 오르가슴의 스펙트럼이란 무궁무진하기 때문에, 다른 여자들이 어떤 오르가슴을 느꼈는지를 비교하며, 왜 나는 그런 기분을 한 번도 느껴보지 못한 걸까 초조해 할 필요가 전혀 없다. 초조해 한다고 폭발적인 오르가슴이 갑자기 찾아오는 것도 아니다. 오히려 불안감 때문에 섹스에 집중하기 힘들 수 있다. 만족스러운 쾌감을 얻기 위해서는 섹스하는 순간과 자신의 몸에 집중할 필요가 있다. 상대방에게 어떻게 해 줘야 좋을지에 대해 생각하기보다, 내가 어떤 섹스를 원하는지, 지금 어떤 기분인지에 집중하는 것이 중요하다. 다른 여자들의 오르가슴 경험보다, 나의 경험에 집중하고, 매번 조금씩 내 몸이 어떻게 달라지는지 몸의 소리에 귀 기울인다면 분명 누구와도 비교할 수 없는 오직 나만의 '오르가슴'을 만날 수 있을 거다.

참고 기사

'유레카 지스팟', 〈한겨레〉 2010년 1월 7일자

오르가슴. 오르가슴? 오르가슴!

딜도를
두려워하지
말라

딜도를 두려워하지 말라

커피숍 가장 구석진 자리에 앉아 샷을 추가한 에스프레소를 들이키며 그가 말했다.

"저 그런 말 많이 들어요. 여자들하고 할 때마다 듣는 말인데 제 입으로 말하긴 조금 그렇지만 애무를 잘한다더라고요. 다른 남자들이랑 많이 다르대요. 손맛이 다르다나 뭐라나 부드럽고 섬세하다는 말 많이 들었어요."

그의 말을 듣는 순간 내 아랫도리는 움찔하기 시작했다. 흥건하게 젖었다면 참 좋았겠지만 뭐 그건 아니고 약간 움찔하는 정도였다고 해두자. 어쨌든 그는 그 말을 하며 내 표정을 유심히 살폈다.

"그래요? 궁금하네."

그 남자의 아랫도리를 3초 정도 쳐다본 뒤 눈을 살짝 깜빡이며 이 멘트를 날리자 이 남자, 침 꼴깍 넘어가는 소리가 들렸다. 앗싸

가오리. 덩실덩실 일어나 커피숍에 있는 모든 사람들과 손에 손을 붙잡고 강강술래라도 추고 싶은 심정이었다. 그 후 그 남자의 차를 타고 서울 서초동의 모텔 골목으로 가는 데는 오랜 시간이 걸리지 않았다. 두 주먹 불끈 쥐고 모텔 엘리베이터에 몸을 실었다. 아, 기대된다. 애무를 잘하는 남자라면 어떤 남자일까. 아, 너무 잘해 주면 부담스러운데 그냥 다음에 하자고 할까. 갑자기 여기까지 와서 내빼는 건 예의가 아니겠지. 에라, 모르겠다. 방문이 열리자마자 정신없이 키스를 하기 시작하던 남자는 또 정신없이 내 옷을 벗기기 시작했다. 어쨌든 다들 아는 단계들을 거쳐 벌거벗고 서로 살을 맞대게 되었는데 이 남자 8분째 가슴만 빨고 있는 것이다. 설마 네가 말한 애무가 가슴 애무를 말하는 건 아니겠지. 의심의 눈초리를 보내며 가짜 신음소리를 내고 있는데 그가 말했다.

"좋지?"

으응. 그래. 좋아. 뭐 애무는 그럼 건너뛰고 본 게임은 괜찮겠지. 그렇겠지. 그런데 이게 웬일. 그의 아랫도리에 손을 뻗었는데 안 서 있다? 그렇게 숨넘어갈 것처럼 못 참겠다고 헉헉대던 그가 안 서 있다?

"오늘 피곤한가 봐. 얘가 왜 이러지? 너무 당황해서 이런가?"

"응? 다 선 건데? 넣을 수 있어. 걱정 마."

그 뒤 내 안에 열심히 구겨 넣는데 들어는 가더라. 문제는 들어와도 들어온 것 같지 않은 그 찝찝한 기분에 있었지. 움직여도 움직인 것 같지 않은 이 느낌. 내 손가락이 차라리 나을 것 같은 이 기분. 나는 손가락을 쪽쪽 빨아대며 그의 움직임이 빨리 끝나기를 기다렸다.

물론 한 번 가지고 이 남자 모든 것을 알 수는 없다는 생각이 들어 그 뒤 한 번 더 했다. 결과는 마찬가지였다. 태생적인 한계란 어쩔 수 없다는 결론. 그전에 만나던 여자들이 섹스에 대해 애무 잘한다는 이야기 외에 다른 이야기는 없었냐고 묻자 전혀 없었단다. 자신의 자지가 작다는 의식조차 없는 것 같았다. 아무래도 자지가 작기도 하지만, 너무 물렁하다. 넣었을 때 아무런 느낌도 느낄 수가 없다고 말하자, 그의 대답.

"예전하곤 조금 달라지긴 했는데 난 그래도 내가 문제 있다고 생각하진 않아. 너랑 안 맞는 거지. 다른 여자들은 다 좋다고 했었어. 미안하지만, 나 너 계속 만나면 정말 발기부전 될 것 같아. 솔직히 자존심이 상하기도 하고. 아무래도 그만 만나는 게 좋을 것 같아."

자지에 대해 솔직하게 평가 좀 했다는 이유로 난 그렇게 차였다. 눈코입이 달렸다 뿐이지 모두가 다른 생김새를 가지고 있는 것처럼, 다 똑같은 모양의 자지를 달고 있는 건 아니었다. 어떤 자지는 바나나처럼 휘어 있었고, 어떤 자지는 발기하기 전에는 엄지손가락 정도의 크기였다가 발기하면 열 배에 가깝게 커지기도 했고, 또 어떤 자지는 가운뎃다리라고 해도 될 정도로 크고 길었다. 안타깝게도 바지를 벗겨 보기 전까진 알 수 없고, 보지에 넣어 보기 전까지 또 알 수 없는 게 자지의 세계였다. 크기보다 스킬이 중요하다는 말도 있지만, 어느 정도 크기와 경직도는 갖추고 난 다음의 이야기였다. 너무 흐물흐물한 탓에 넣어도 전혀 자극을 받을 수 없는 자지를 가지고 있다면, 스킬이고 나발이고 소용없었다.

믿기지 않을지도 모르겠지만, 나에게도 한때는 딜도 하나 없던 시절이 있었다. 섹스토이 검색이 취미이자 특기이고 심지어 여행지에 가서도 근처 섹스샵부터 구글 지도로 검색하곤 하지만, 이런 나라고 날 때부터 딜도 들고 태어난 긴 아니었으니까.

사귀던 남자와 동대문에 놀러갔다가 밥을 먹고 근처 섹스샵에 구경을 간 적이 있었다. 형형색색 딜도들 사이에서 구슬이 중간에 박힌 좌우로 회전하는 딜도가 나를 사로잡았다. 그 앞에서 눈을 반짝이고 있었더니, 그가 말했다.

"이거 내 거보다 큰데?"

무슨 말이냐고 묻자 자기가 있는데 딜도를 쓰려는 것도 자존심 상하지만, 자기 자지보다 큰 딜도에 눈독 들이고 있으니 기분 나쁘단다. 자기랑 안 하고 딜도만 쓰면 어떻게 하냐면서. 어차피 주머니가 가난한 탓에 살 수도 없었지만, 그런 말을 들으니 어이가 없었다. 자기보다 큰 딜도를 쓰면 안 된다니. 내가 딱 자신의 자지 크기만큼만 느끼길 바라는 건가. 자신이 아닌 딜도가 나에게 섹스의 즐거움을 가져다주는 것을 용납할 수 없다는 태도가 도무지 이해가 안됐다.

나에게 딜도가 생긴 건 그로부터 한참 뒤였다. 섹스샵에서 아르바이트를 하게 되면서 원가에 딜도를 구매할 수 있게 된 뒤 난드디어 그동안 궁금했던 중간에 구슬이 박힌 좌우로 회전하는 딜도를 내 방으로 데려올 수 있게 되었다. 토끼 모양 바이브레이터도 같이 달려 있어서 딜도를 삽입하면 토끼 귀가 내 클리토리스를 자극했다. 딜도가 질 안에서 회전하고 구슬까지 함께 회전하면서 질 구석구석을 자극하는 데다가 바이브레이터가 클리토리스까지 만져주니 정말 순식간에 이제까지는 느껴본 적 없던 강한 오르가슴이 몸 전체를 휘감았다. 인간은 도구를 써야 한다더니, 이걸 두고 하는 말이구나 싶었다. 딜도를 삽입한 채로 움직이지 않고 가만히 있기만 해도 끝내주는 오르가슴이 찾아왔다.

딜도는 내 마음에 쏙 들었지만 혼자서 할 때는 오히려 딜도를 뒤집어서 토끼 바이브레이터만 쓸 때가 훨씬 많았다. 딜도가 워낙 커서 어떤 날은 삽입하기 부담스럽기도 했고, 클리토리스만 자극하고 싶은 날도 있었다. 그러나 그가 우려했던 것처럼 사람과 섹스를 하지 않고 오로지 혼자서 딜도만 쓰는 일은 없었다. 딜도로 다른 사람이 날 자극해 주면 어떤 기분이 들지 궁금했지만, 생각지도 못한 부분에서 '자존심' 상한다며 화를 내는 남자들을 여럿 만나다 보니 선뜻 딜도를 꺼내들 수가 없었다.

딜도를 누군가와 섹스하면서 쓸 수 있게 된 건 여자를 만나면서부터였다. 여자끼리 섹스를 하면 매번 딜도를 사용할 거라고 생각하는 사람들도 많지만, 그건 아니다. 하지만 딜도가 분명 섹스에 즐거움을 더하는 도구임에는 틀림없다. 그녀의 온몸을 정성스럽게 애무하다가 촉촉이 젖은 보지에 손가락을 넣고 움직이다 보면, 어느 순간 그녀가 더 강한 자극을 원한다. 그때 바이브레이터가 달린 딜도를 삽입하면 그녀의 신음소리가 점점 격해진다. 그녀의 뒤에서 허리를 잡고 딜도를 천천히 넣은 뒤 점점 빠르게 움직이기도 하고, 그녀의 표정을 보며 바이브레이터를 켜기도 했다. 난 분명 내가 보

딜도를 두려워하지 말라

지 달린 여자라는 사실이 너무 좋은데, 딜도를 넣고 움직이다 보면 어느 순간 자지를 갖고 싶다는 생각이 들기도 했다. 손가락을 넣어서 따뜻한 그녀의 보지를 느끼는 것도 이렇게 좋은데, 딜도를 넣었다 뺐다 하는 것도 이토록 흥분되는데, 내 자지를 넣고 움직이면 얼마나 더 좋을까. 그녀가 니에게 딜도를 삽입하고 움직이면 그런 생각은 순식간에 사라졌지만. 따뜻한 그녀의 손이 나의 질 구석구석을 만져 주는 것도 좋았으나, 강한 자극을 원할 때는 딜도를 사용하면 딱이었다.

여자들끼리 즐거운 섹스를 할 수 있다는 것을 인정하고 싶지 않아하는 '일부' 남성들은 여자들이 섹스에서 딜도를 사용할 때, 단순하게 딜도가 자지 대용일 거라고 생각하곤 한다. 그래서 각종 레즈비언 포르노에는 여자 둘이 신나게 섹스하고 있을 때, 남자가 갑자기 툭 튀어나와서 양쪽 여자들에게 자신의 자지를 삽입하며 '진짜' 섹스의 길로 인도하는 장면이 종종 나온다. 그러나 안타깝게도 여자들끼리의 섹스에서 딜도의 의미란 '제3의 손'에 가깝다. 자지가 갖고 싶다는 욕망과 딜도의 사용 여부는 별개의 문제다. 어떤 레즈비언 커플이 진짜 자지와 똑같이 생긴 딜도를 사용한다고 해도, 그건 '딜도'일 뿐이지 자지를 갖고 싶은 혹은 남자와 섹스하고 싶은 욕망을 충족시키기 위한 것이라고 볼 수 없다. 딜도섹스를 아무리 좋아한다고 해도 레즈비언이라면 남성과의 섹스를 욕망하지는 않을 거다. 딜도를 입은 여자와의 섹스와 자지 달린 남자와의 섹스는 완전히 다른 이야기이다. 중요한 건 '무엇'을 가지고 섹스를 하는지가 아니라 '누구'와 섹스를 하는 지다.

물론 비수술 FTMFemale to Male 트랜스젠더라면 자지 대용으로 딜도를 사용할 수도 있다. 삽입섹스를 하기 힘든 자지를 가졌거나 발기부전, 작은 자지와 같은 이유로 파트너가 자신의 자지에 만족하지 못하는 남성의 경우엔 제2의 자지로 딜도를 사용할 수도 있을 거다. '일부' 남성들은 자지를 '남자의 자존심'이라고 생각하면서 상대방이 내가 아닌 딜도만 좋아하게 하게 될까 봐, 나를 딜도나 사용하는 무능력한 자지 작은 남자라고 무시할까 봐 두려운 마음에 파트너와의 섹스에 '딜도'를 가져오는 것을 꺼려한다. 태어날 때부터 고추 달린 놈이라고 불리던 남자들이 자지를 곧 자신의 자존심으로 연결해서 생각하는 게 아예 이해가 안 되는 긴 아니다. 그러나 말 못하는 딜도를 질투의 대상으로 두기보다 어떻게 하면 이걸 사용해서 섹스를 더 즐겁게 해볼까 하고 고민하는 쪽이 더 생산적일 거다.

남자들이 딜도를 두려워하며 자지를 자존심이라고 생각할수록 여자들이 어떤 섹스를 원하는지를 제대로 받아들이기 어려울 수밖에 없다. 자지가 작다는 말을 들으면 자존심에 타격을 입은 것만 같은 자괴감에 빠지고 '남자 발기부전의 원인은 남자 자존심을 죽이는 여자'와 같은 속 좁은 주장만을 만들어 내게 될 것이다. 자지가 남자의 자존심이라는 구시대적 발상을 붙잡고 있는 이상, 정말 자지는 남자의 자존심으로 남을 수밖에 없다. 여자들이 섹스 후에 자지 크기에 대해 평하는 것은, 남자들이 섹스할 때 자지 외에 다른 도구를 사용하기 두려워하기 때문이다. 이성애자 남자들이 섹스에서 자지에만 집중하지 않고 다른 도구를 쓰기 시작한다면, 그때부터 자지 크기가 아닌 스킬에 대해서 제대로 평가받을 수 있을지도

딜도를 두려워하지 말라

모른다.

　손에 들고 사용할 수 있는 딜도를 사용할 때도 있지만, 난 종종 하네스를 입은 그녀와 섹스를 한다. 우리는 크기와 모양이 다른 세 가지 딜도를 가지고 있는데, 내 컨디션에 따라서 그날 사용할 딜도를 고른다. 그녀가 하네스를 입고 딜도에 러브젤을 바르면서 다가오면 난 다리를 벌리고 그녀를 맞이한다. 가끔 여자들끼리는 어떻게 섹스하냐는 질문을 받곤 하는데, 그럴 때마다 참 사람들 상상력이 부족하구나 싶다. 상상력이 그렇게 부족하니까 딜도를 자지라고밖에 생각하지 못하는 거겠지. 딜도를 입은 그녀가 내 안에 들어오기도 하지만, 때로 내가 혼자서 딜도를 움직이는 것을 그녀가 보기도 하고, 그녀가 딜도를 손에 들고 내 안에 넣은 채로 빠르게 움직이기도 한다. 손에 딜도를 들고 삽입한 채로 오럴섹스를 하기도 하고, 딜도를 질에 삽입하고 손으로 애널섹스를 할 때도 있다. 딜도는 섹스를 더 즐겁게 해 주기 위한 도구지 두려워하거나 질투할 대상이 아니다. 누가 어떻게 사용하는가에 따라 무궁무진하게 변신하는 장난감, 그게 바로 딜도다.

　이제까지 딜도만 가지고 이야기했지만 사실 바이브레이터도 마찬가지다. 그녀가 바이브레이터로 자신의 클리토리스를 자극하면 내가 그녀의 보지에 손가락을 넣어서 움직이기도 하고, 내가 바이브레이터로 내 클리토리스를 자극할 때 그녀가 내 보지에 손가락을 넣어서 움직이기도 한다. 바이브레이터를 혼자서 자위할 때만 사용한다고 생각하는 이들이 종종 있지만 파트너섹스에서는 또 다른 의미를 가진다.

만나던 남자에게서 바이브레이터를 빼앗긴 적이 있었다. 섹스할 때 다른 여자들처럼 폭발적인 반응을 안 보이는 게 아무래도 내가 자주 바이브레이터를 사용해서일 거라고 결론 내린 그가 내 바이브레이터를 압수한 것이다. 남자들은 여자가 섹스토이를 가지고 노는 게 싫은 걸까. 너처럼 바이브레이터를 쓰는 여자는 처음 봤다며, 이걸 진짜로 사서 쓰는 여자가 있는지 몰랐다는 말도 덧붙였다. 바이브레이터를 손에 쥐게 된 이후로 매일 밤 한번씩 오르고 자는 취미가 있었던 나에게 너무나 가혹한 처방전이었다.

섹스토이에 대한 남자들의 불안감과 질투는 욕망의 주체로서 섹스를 하는 여성에 대한 불안감과 일맥상통한다. 자신이 아니어도 여성이 오르가슴에 오를 수 있다는 사실을 목격하는 순간 남성들은 마치 '거세'라도 당한 듯 초조한 모습을 보인다. 섹스의 주도권은 오랜 시간 동안 남성들이 가지고 있는 권력과 맞닿아 있었다. 여성들의 섹스에 대한 욕망이 오로지 자신에게만 향하기를 바라던 남자들은 자신의 불안감을 여자들의 손발을 묶는 것으로 해소했다. 집밖을 자유롭게 나돌아 다니는 여자들은 그만큼 욕먹을 각오를 해야했다. 여자들은 불안감에서 비롯된 잘못된 소유욕을 '사랑'이라고 포장하는 남자들을 견디면서 살아남았다. 섹스토이를 손에 쥔 여자들은 집 밖을 나가지 않아도 자신이 원하는 섹스를 할 수 있게 된다. 그러니 섹스토이를 받아들이고 싶지 않을 수밖에.

얼마 후 그는 자신의 처방이 옳았다며 나와의 섹스에서 만족하기 시작했다. 역시 자위를 너무 자주하는 바람에 자기와의 섹스에서 오르가슴을 느끼지 못했던 거라며 뿌듯한 표정을 지었다. 난 그의 표정에서 오르가슴을 주는 유일한 존재로서의 자리를 다시 찾은 기쁨을 읽을 수 있었다.

그러나 사실 난 그가 회사에 가 있을 낮 시간에 그의 오피스텔에 가서 서랍 안에 들어 있는 바이브레이터를 꺼내 몰래 재미를 보곤 했었다. 탁 트인 커다란 창문으로 들어오는 햇빛을 받으며 혼자서 느꼈던 오르가슴은 끝내줬다. 자신이 상대방의 모든 욕망을 채워 줄 수 있을 거라는 생각은 착각이자 인간의 오만이다. 딜도가, 바이브레이터가, 섹스토이가 상대방을, 그리고 나를 더 나은 쾌감의 길로 인도하리라는 것은 받아들여야만 하는 진실이다.

그리고 한 가지 더. 남자들이 불쾌해하거나 자존심 상할까 봐 자지가 마음에 안 들어도 말하지 못해 왔던 여자들의 과거는 이제 떠나보낼 때가 되었다. 작다는 말 몇 번으로 자존심이 상해 발기부전이 되어버린다는 건 그만큼 소심한 남자라는 증거일 뿐이다. 타고난 이 작은 자지로 어떻게 더 즐거운 섹스를 할 수 있을지를 고민하는 것이 삶을 대하는 건강한 자세 아닐까. 작다는 말을 한번도 못 듣는 바람에 자기가 작다는 것도 모르고 살다가, 작다는 말을 해 준 솔직하고 고마운 여자를 오히려 문제 있다고 치부해 버리는 뻔뻔함이라니 말이 되는가. 그깟 작다는 말 몇 번 듣고 자지가 서지 않아서 괴로워하는 남자들은 그렇게 계속 괴로워하도록 두자. 다음 번에 이 남자를 만날 다른 여자의 미래를 위해서라도, 인류애를 발휘해야 할 때가 왔다.

언니,
섹스
할래 ?

왜 내가 좋은 척을
　　해야 되는지 모르겠어요

수진   좋아하는 남자와 섹스를 하는 게 가장 좋아서, 자신을 좋아하지 않는 남자와 1년 동안 섹스 파트너로 지내다 결국 상처를 받고 관계를 끝맺음한 뒤 원나잇으로 마음과 몸을 달래 왔다. 하고 싶은 사람과 하고 싶을 때 섹스를 하면서 살아가고 있을 뿐인데 사람들에게 종종 '쓰레기'라는 소리를 듣곤 한다. 섹스가 별로면 예의상으로도 절대 좋다고 얘기하지 않는 '이기적'인 여자.

제아무리 글로벌 리더가 각광받는 시대라지만 여자에게는 해당되지 않는 말이다. 소위 말하는 외국물 좀 먹어 본 여자들은 대부분 결혼정보회사 평가에서 감점을 당한다는 기사를 본 적이 있다. 심지어 추가 가입비까지 요구하기도 한다니 말 다했다. 외국에서 혼자 산 경험이 있는 여자라면 '문란'한 과거를 가지고 있을 거라는 말도 안 되는 이유에서다. 여자라면 결혼 전까지 정조를 지켜야 한다고 생각하는 걸까. 외국물 먹은 여자는 크고 아름다운 외국 자지와 섹스를 했을 테니 당연히 작고 힘없는 조선의 자지가 마음에 차지 않을 거라고 지레 겁이라도 먹는 걸까. 수진은 어릴 때 외국에 건너가서 외국물 많이 먹으며 살았지만 안타깝게도 이러한 사회적 기대에 전혀 부응하지 못했다.

"저는 희한하게 어릴 때부터 외국에 살았지만 외국인과의 섹스에 대해서는 관심이 없었어요. 흑인이 들이대고 백인이 들이대도 이상하게 왜 그런지는 모르겠는데 흥미가 안 생기더라고요. 하고 싶다는 생각이 들어야 섹스를 할 텐데 봤을 때 자고 싶다는 생각이 안 들었어요. 외국인이랑도 섹스를 못 했던 것도 있지만 외국에 있을 때는 섹스를 하기가 힘들었어요. 목사님 댁에서 홈스테이를 했었는데, 목사님 아들이랑 사귀었었거든요. 저는 사실 그때 섹스를 되게 하고 싶었어요. 그런데 걔는 혼전순결을 지켜야 한다면서 거절하더라고요. 처음에는 오럴섹스 정도까지 했었는데 나중에는 그것도 거부했어요."

수진은 처음 사귄 남자친구와 섹스를 하고 싶었지만 할 수가 없었다. 목사님의 아들이었던 첫 남자친구는 혼전순결을 지켜야 한다는 이유로 수진과의 섹스를 받아들이지 않았다. '진짜' 섹스가 아니라 생각했는지 처음에는 오럴섹스까지는 받아들였지만 나중에는 오럴섹스마저 거부했다. 종교적 신념과 죄책감 때문에 섹스를 하지 않았던 남자에게 수진의 섹스 제안이 얼마나 달콤한 선악과의 유혹처럼 여겨졌을지 안 봐도 비디오다. 목사님의 아들로 태어나 혼전순결을 주입당했던 그와 마찬가지로 수진도 집에서 '순결'에 대한 철저한 교육을 받고 자라 왔다. 그러나 수진은 부모님 말 잘 듣는 '착한 딸'이 되기보다는 자신의 욕망에 충실한 삶을 택했다.

"어릴 때부터 엄마가 '남자한테는 함부로 주는 거 아니다' 이런 식으로 성에 대한 교육을 시키셨어요. 원래는 통금도 있었는데 제가 그게 너무 싫어서 1주일 동안 집에 안 들어갔더니 포기하시더라고요. 아마 제가 성에 대해 일찍이 관심이 있었다는 건 알고 계셨을 거예요. 어릴 때 자위를 하다가 가족들한테 걸린 적이 있거든요. 동생 방에서 같이 자다가 동생이 자는 줄 알고 자위를 했는데 동생이 안 자고 있었더라고요. 동생이 초등학교 때여서 제가 자위하는 걸 보고 그걸 부모님한테 바로 말해 버리는 바람에 다들 알게 되셨죠. 다행히 별다른 이야기는 안 하셨지만."

어떻게 섹스를 하는지도 몰랐던 어린 시절부터 수진은 섹스에 대해 관심이 많았다. 친구들과 인형놀이를 할 때면 남자와 여자 인형의 옷을 홀딱 벗겨서 같이 재우기도 했다. 콘돔이 뭔지도 모르면서 동네 마트에서 딸기향 콘돔을 사간 아주머니 이야기를 친구들과 비밀스럽게 공유한 적도 있었다. 수진이 섹스하는 법을 알게 되기까지는 오랜 시간이 걸리지 않았다. 구멍에 삽입을 하는 것이 섹스라는 것을 알게 된 뒤로는 본격적인 섹스에 대한 탐구가 시작됐다. 야한 잡지를 보면서 어떤 섹스 체위가 있는지 알게 됐고, 야설을 찾아서 읽기도 했다. 오매불망 탐구 정신을 발휘하며 섹스를 꿈꾸던 수진이 섹스를 하게 된 건 그로부터 몇 년이 지난 후였다.

섹스에 대한 여자들의 경험은 전부 다르지만, 고통과 피로 형상화되는 여자의 '첫 경험'은 획일적이다. 아프기는커녕 아무 감흥이 없어서 오히려 실망감을 안겨 주었던 수진의 경험은 그것과 전혀 달랐다. 여자의 '첫 경험'은 남자들이 만들어 놓은 환상과 마찬가지다. 그 환상에 딱 들어맞는 '첫 경험'을 가진 여자가 과연 몇이나 될까. 고통과 피, 욕망의 시간을 견디고 기꺼이 자신에게 '순결'을 내어 준 여자에 대해 무한 애정이 샘솟는 남자들은 어찌 보면 '변태'에 가깝다. 수진의 남자친구는 다행히 그런 욕망을 드러내는

'변태'는 아니었다.

"방학 때 잠깐 한국에 들어왔을 때 사귀던 남자친구와 섹스를 처음으로 했어요. 처음 사귀었던 남자친구랑 섹스를 하고 싶었는데 못 했었고 그래서 굉장히 섹스가 하고 싶었던 상태였거든요. 그런데 생각만큼 좋지는 않았어요. 처음에 하면 엄청 아프다고 하던데 아무 감흥이 없어서 오히려 실망하기도 했고요. 남자친구도 그냥 처음이라서 그런가 보다 하고 생각하는 것 같았어요."

'첫 섹스'는 막연하게 사랑하는 사람과 해야겠다는 마음을 가지고 사랑하는 사람과 했다. 물론 사랑하는 사람과 연애를 하고 섹스를 하면 더할 나위 없었지만 뜻대로 되지 않을 때도 있었다. 수진에게 섹스를 할 때 상대방이 연인인지는 더 이상 중요한 사항이 아니었다. 섹스하자는 사람과 섹스를 하기도 하고 섹스하고 싶은 사람과 섹스를 하기도 했다. 섹스하자는 상대의 제안을 거절하지 못해서 섹스를 한 뒤에는 자괴감에 빠져 괴로워하기도 했다. 몇 번의 좋지 않았던 원나잇을 경험한 뒤 허무한 기분을 느낀 뒤론 그보다는 정기적인 섹스 파트너와의 관계를 유지했다. 섹스 파트너, 섹스만을 위해서 만나는 사이. 하지만 그것도 사람의 일인지라 마음대로 되지는 않았다.

"섹스 파트너 중에서도 갈려요. 내가 좋아해서 만나는 사람이 있고 내가 좋아하지 않는데 섹스를 위해서 만나는 사람이 있었어요. 당연히 저도 감정이 아예 없는 사람보다는 좋아하는 사람이랑 섹스하는 게 더 좋죠. 감정이 없는 사람이랑 섹스를 하면 그만큼 만족도가 낮아요. 감정 없는 섹스를 하지 않겠다고 다짐을 한 적도 있었죠. 그래서 나를 좋아하지 않았지만 내가 좋아한다는 이유로 어떤 남자와 1년 동안 섹스 파트너로 지냈던 적이 있었어요. 제가 원래는 섹스 매너가 별로예요. 저는 싫으면 절대 좋다고 이야기를 안 해요. 좋은 척 연기를 절대 안 하고요. 신음소리도 안 내고 그냥 가만히 있어요.

솔직히 섹스해 보면 얘가 어느 정도로 섹스하는지 사이즈가 딱 나오잖아요. 한번은 하도 어설프게 하고 있어서 저한테 애무해 주는 남자를 위에서 내려다보고 있었거든요. 그랬더니 왜 여왕님 같은 표정으로 자기를 내려다보냐고 하더라고요. 저는 속으로 진짜 못한다고 생각하고 있었는데. 넌 왜 이렇게 목석같이 가만히 있냐고 물어보는 애도 있었고. 그런데 좋아하는 사람이랑 하면 완전히 달라요. 좋아하니까 만지고 싶고 부비고 싶고 빨고 싶고. 오럴섹스 하는 것도 좋고 특히 불알의 촉감이 좋아요. 주물럭거릴 때도 너무 좋고 얼굴을 불알에 부빌 때도 좋고. 샤워하고 나서 뽀송뽀송한 상태일 때 불알에 코 박고 있는 것도 좋고. 불알에 코 박고 죽고 싶다는 생각을 한 적도 있었어요. 장난을 치려고 자지를 잡고 내 얼굴을 때린 적도 있었거든요. 눈, 코, 입을 귀두로 맞았어요. 맞는 입장인데 이상하게 기분이 더럽지 않고 오묘하더라고요."

좋아하는 마음이 있었기 때문에 연인이 아닌 섹스 파트너여도 상관이 없었지만 그 남자는 수진에게 상처만을 주었다. 좋아하는 남자와 섹스는 할 수 있었지만 마음의 외로움은 섹스와 전혀 별개의 문제였다. 감정에 초연하기엔 수진은 그 남자를 많이 좋아하고 있었다. 섹스를 하고 있을 때는 그 남자와 세상 어떤 사이보다 가까워진 느낌을 받았지만 섹스가 끝난 뒤에는 숨통을 조여 오는 것과 같은 외로움이 찾아왔다. 그 순간만은 자신의 존재를 확인받는 기분이었지만 그렇다고 영원히 섹스를 할 수는 없었다. 단순한 섹스 파트너 이상의 마음을 보이는 수진이 부담스러웠던 걸까.

"만나지 말자고 말을 하기에 알겠다고 했어요. 말은 그렇게 했지만 막상 그의 집에 놀러 가면 습관적으로 섹스를 하는 거예요. 그전에 했던 섹스와는 물론 달랐어요. 저의 기분 같은 건 전혀 배려하지 않고 자기가 하고 싶은 대로 섹스를 하더라고요. 그러니까 섹스를 하고 나면 더 허탈했어요. 난 널 만족시켜 줄 생각은 없다는 말까지 한 적도 있었어요. 섹스를 하긴 하겠지만 너를 위한 섹스는 하지 않겠다, 나만 싸고 끝내겠다, 이런 뜻이잖아요. 그래서 되게 상처를 받았어요. 제가 한마디로 호구로 보인 거니까. 성욕 배출구가 된 것 같은 기분이었어요."

거부당한 느낌을 견디기 힘들었던 수진은 그가 아닌 다른 남자들과의 섹스로 마음의 응어리를 풀었다. 섹스를 하고 있으면 잠시나마 그에게서 받았던 상처를 잊을 수 있었다. 섹스에 중독되는 사람들의 마음이 이해가 될 것만 같았다. 트위터로 만난 남자들도 있었고 파티에서 우연히 만난 남자들도 있었다. 감정 없는 섹스를 한 뒤에 찾아오는 허탈함이 싫었던 수진이었지만 현실을 잊기 위해서는 감정 없는 섹스를 선택해야만 했다. 상처만을 주는 그 남자와의 관계에서 벗어나기 위한 시도들이었지만, 그 남자와의 섹스와 비교하면 터무니없이 형편없었다. 결국은 상처받을 거라는 것을 알면서도 다시 그 남자에게 돌아가는 일들이 반복됐다. 새로운 섹스가 감정적인 자유로움을 가져다주기를 바랐지만 그런 일은 일어나지 않았다.

"모르는 사람이랑 원나잇을 하면 서로 잘 모르는 사이고 특별히 애정이 있는 것도 아니니까 섹스 후에 꼴보기가 싫은 거예요. 게다가 너무 작다거나 발기가 잘 안된다거나 암튼 다들 별로였어요. 그러다가 친구랑 섹스를 하게 됐는데 생각보다 나쁘지 않았어요. 친구니까 말도 어느 정도 통하는 사이고 서로 애정을 가지고 있는 사이잖아요. 얘는 계속 나랑 섹스를 하고 싶은데 내가 더 이상 하기 싫으면 껄끄러워지는 경우가 생기기도 했어요. 뭐, 섹스를 안 한다고 친구 관계가 평생을 가는 깃도 아니잖아요. 그렇게 해서 틀어질 사람은 어쩔 수 없다고 생각해요."

섹스는 오로지 섹스일 뿐이고 상처에서 벗어나는 방법이 절대 섹스가 아니라는 것은 수진도 알고 있었다. 다른 사람과의 섹스만으로 그에게서 자유로워질 수는 없었지만 그렇다고 아무것도 하지 않는 것보다는 나았다. 상처에서 벗어나고 싶다는 건 생각일 뿐 어쩌면 아직 그에게서 벗어날 준비가 되지 않았는지도 몰랐다. 자신에게 마음이 전혀 없다는 것을 알고 있었지만 그래도 그에게 관심을 받고 싶었다. 수진이 그가 모르는 다른 사람들과의 섹스를 하는 것에서 그치지 않고 그의 주변 지인들과도 섹스를 하기 시작하자 그는 그때서야 관심을 보였다. 하지만 그건 섹스에 대한 단순한 궁금증이었을 뿐 수진에 대한 인간적인 관심이나 질투와는 거리가 멀었다.

"다들 서로 아는 사이니까 술자리에 가면 나랑 잔 남자가 다섯 명씩 있기도 했어요. 나랑 섹스를 했다는 걸 서로 알아도 신경 안 쓰는 것 같았어요. 제가 좋아했던 남자의 친한 친구에게 셋이서 섹스를 하지 않겠냐는 제안을 받기도 했어요. 이러니저러니 해도 1년이나 섹스 파트너로 만났으니까 편하고, 남자 둘은 서로 친구사이고, 제안한 남자는 그룹섹스 경험이 많은 사람이어서 재미있을 것 같다는 생각이 들었어요. 그래서 셋이 하기로 합의는 됐는데, 결국은 사정이 생겨서 셋이서는 못 만났죠."

그 뒤로도 그와의 섹스는 계속 되었다. 관계의 발전이란 없었다. 그에게 여자친구가 생기고 나서까지 한참동안 이어졌던 둘의 섹스는 수진이 마음을 굳게 먹고 나서야 겨우 끝낼 수 있었다. 그에게 여자친구가 있다는 게 둘이 섹스를 하는 데 큰 문제는 아니었지만, 그는 여자친구가 수진을 싫어한다는 등 여러 가지 핑계를 대며 점점 수진과의 만남을 불편해했다. 인간으로서 최소한의 배려도 전혀 없이 오로지 '섹스'만을 하는 그가 더 이상은 견디기 힘들었다. 좋아했던 사람과의 1년간의 섹스는 그렇게 상처를 남긴 채 끝났지만 수진은 여전히 섹스가 좋았다. 섹스를 하고 난 뒤에 좋아지는 사람이 있다는 것과 감정이 없이 오로지 몸을 섞는 것만으로도 짜릿한 섹스가 있다는 것을 알게 됐다. 좋아하는 사람과만 섹스 할 때와는 또 다른 경험이었다. 좋아하는 사람과 섹스를 하기보다는 자신이 하고 싶은 사람과 섹스를 해야겠다는 생각이 들었다.

"트위터에서 만나서 친해진 언니가 있었어요. 어느 날 남자를 소개시켜주겠다고 하더라고요. 알고 보니까 그 언니 남편이었어요. 다자多者연애를 하고 싶어 하는 언니였는데, 내가 자기 남편이랑 연애를 하다가 나중에는 셋이서 스리섬을 했으면 좋겠다. 이런 이야기를 했어요. 처음에는 호기심이 생겨서 하겠다고 했는데, 결국엔 언니가 나한테는 부탁을 하기가 어렵겠다고 하더라고요. 섹스 이야기를 하거나 섹스 상대를 찾으려는 목적만으로 운영하는 계정을 세컨드 계정이라고 하거든요. 트위터는 그만큼 섹스에 대해서 열려 있지만 한편으로는 너무 좁아요. 트위터에서 만나서 섹스 몇 번 하고 나면 '구멍 동서'되는 건 일도 아니에요. 그래서인지 원하지 않은 상황을 겪게 되기도 하고요.

누가 저한테 익명으로 '너 개랑 섹스했더라. 개 트위터에서 이 여자 저 여자 다 건드리고 다니고, 나 개랑 만나고 나서 성병 걸렸었다. 너도 조심해라'라고 글을 남긴 적이 있었는데 기분이 정말 나빴어요. 나한테 악의가 있었는지 그 남자한테 악의가 있었는지 모르겠지만 엿 먹이려는 생각으로 글을 남긴 거죠. 나는 알고 싶지도 않은 정보를 왜 굳이 와서 알려 주는지 알 수가 없어요."

섹스를 하는 데 수진에게 중요한 건 자신의 마음뿐이었다. 하고 싶어서 섹스를 했다면 다른 건 아무것도 중요하지 않았다. 자신과 섹스를 했던 그 남자가 얼마나 많은 여자들과 섹스를 했는지 같은 건 수진이 고려할 사항이 아니었다. 여자친구가 있어도 수진에게 섹스를 제안하는 남자들은 많았고, 굳이 잘 알지도 못하는 그의 여자친구 걱정까지 하면서 자신에게 찾아온 좋은 기회를 놓칠 이유는 없었다.

"저는 하고 싶은 사람이랑 섹스를 하는 건데 사람들은 저를 '쓰레기'로 보더라고요. 얼마 전에 트위터에서 조리돌림을 당한 적이 있어요. '네가 그렇게 좋아 죽는 네 남자친구 네 생일날 나랑 떡 쳤다'라고 올렸다가 리트윗 되면서 엄청 욕을 먹었죠. 솔직히 저는 그날 곤히 집에서 잘 자고 있었거든요. 잘 자고 있는데 전화해서 불러내 가지고 섹스하자고 한 건 걔 잘못이지, 제 잘못이 아니잖아요.

저는 여자친구 있는 남자를 만나도 전혀 죄책감이 없거든요. 어차피 제가 거절해서 섹스를 안 하더라도 또 다른 누군가와 잘 거 아니에요. 여자친구가 아닌 다른 사람이랑 섹스하고 싶어서 저한테 제안을 했을 테니까. 그리고 자기 여자친구에 대한 의리는 그 남자가 지켜야 할 거지 제가 지켜야 할 건 아니니까. 여자친구가 저랑 친하면 신경이야 쓰이겠죠. 그게 잘못된 건가? 모르겠어요. 생각해 보면 누구랑은 하면 되고 누구랑은 하면 안 되는지에 대한 개념이 명확히 없는 거 같기도 해요."

다른 건 몰라도 섹스에 있어서 수진의 인생관은 명확하다. '쓰레기'라는 말을 들어도 자신이 하고 싶은 상대와 섹스를 하겠다는 마음가짐은 전혀 흔들리지 않는다. 자신을 좋아하지 않았던 남자와의 관계에서는 누구보다 상대방에게 휘둘렸던 수진이었지만 지금은 전혀 달랐다. 상대방이나 주변 사람들의 말보다 중요한 것이 자신의 욕망이라는 것을 수진은 잘 알고 있었다. 섹스를 좋아하는 만큼 때로는 전혀 원하지 않는 상대에게 원하지 않는 제안을 받기도 했다. 하지만 자신이 어떤 섹스를 좋아하는지 잘 알고 있었기 때문에, 원하지 않는 섹스는 거절할 줄 알았다.

"친구 아빠가 저를 좋아한 적이 있어요. 한번은 이태원 펍 같은 데서 만났는데 네가 얼마나 대단한지 보고 싶다면서 여기서 자위를 해 보래요. 그땐 뭐 못할 것도 없을 것 같아서 했어요. 그때가 겨울이었는데 화장실 가서 레깅스 벗고 와서 담요를 덮고 자위를 했었죠. 나중에 생각해 보니까 조금 이상하긴 하더라고요. 처음에는 그냥 좀 맞춰 주자 이랬었는데, 계속 수위가 높아지니까 안 하겠다고 했죠.

직접적으로 섹스를 하고 싶어 하는 것 같진 않은데, 제가 뭔가를 하는 걸 보고 싶어 했던 거 같아요. 흑인 남자랑 섹스해 보지 않겠냐고 물어보거나, 잘생긴 '호빠'에서 일하는 남자들이랑 그룹섹스해 보지 않겠냐고 물어보고. 왜 자꾸 나한테 이상한 일이 닥치는지 모르겠어요. 제 친구는 아빠가 나한테 그 정도로 들이댔던 걸 모르지만, 걔도 저한테 막 섹스하자고 조른 적이 있었어요. 아빠나 아들이나 부전자전이네 싶었죠. 걔는 게다가 입이 가벼워서 걔랑 섹스를 하면 100퍼센트 소문이 나겠구나 싶더라고요. 걔랑 섹스를 하면 걔네 아빠 귀에도 들어갈 수 있잖아요."

수진에게 도덕적 기준이란 자신의 욕망 그 자체였다. 그 기준을 누군가는 일관성 없다고 말할 수도 있겠지만 그런 건 전혀 상관없었다. 수진과 같이 섹스에 대한 욕망이 충만한 여자들은 모든 섹스 제안을 거절하지 않을 거라는 남자들의 선입견에서 자유롭기가 힘들다. 무조건 섹스를 하자고 들이대는 상황들 속에서 자신이 원하는 섹스를 골라내는 방법을 모른다면, 원하지도 않은 섹스 후에 몰려오는 자괴감을 피할 수가 없다. 수진은 섹스 제안을 전부 받아들이는 것은 진정한 자유가 아니라, '무지'라는 것을 수많은 경험을 통해 습득했다.

"만나던 남자 중에서 매번 애널섹스를 하고 싶어 했던 사람이 있었어요. 저는 아파서 싫어했는데 제가 싫어하는 걸 보는 게 너무 좋대요. 강간하는 느낌이 든다면서. 몇 번은 했는데 나중엔 너무 싫어서 넣으려고 하면 그 남자를 발로 쳐 버리고 그랬었어요. 그냥 기분이 더러웠어요.

사람마다 맞는 체위가 다르지만 제가 올라가서 하는 건 힘들고 귀찮아서 별로 안 좋아해요. 너무 자지가 큰 사람이랑 뒤로 하면 자궁 경부가 너무 아파서 싫고요. 너무 자지가 작은 남자는 넣었을 때 느낌이 전혀 안 와서 싫어요."

'못생기고 뚱뚱한' 여자는 온갖 개그 프로그램의 소재가 되고 있지만 '키가 작은 남자는 루저'라는 발언을 했던 대학생은 '루저녀'라 불리며 신상을 털린 뒤 아직까지도 욕을 먹고 있다. 이런 사회에서 남자의 자지 크기를 가지고 섹스를 논하는 수진과 같은 여자들이 곱게 보일 리가 없다. 어떤 섹스가 좋은지 말할 줄 아는 여자가 사회에서 살아남기 위해서는 강한 자아를 유지해야만 한다. 또 섹스에 대한 이야기를 나눌 수 있는 친구들과 지속적인 네트워크를 갖는 것도 나를 위한 섹스를 포기하지 않을 수 있는 좋은 방법이다. 수진은 섹스를 하고 난 뒤에 친구와 수다를 떨면서 자신의 섹스를 마무리했다. 좋았던 섹스, 나빴던 섹스, 상처받았던 일을 나누고 나면 마음이 한결 가벼워지는 기분이 들었다. 성욕에 휘둘리지 않는 여유를 가진 이들이 부러운 적도 있었지만 자신의 욕망을 제대로 바라볼 수 있는 지금이 충분히 만족스럽다.

"지금은 조금 나아졌지만 예전엔 성욕이 너무 왕성해서 하고 싶을 때 못 하면 엄청 스트레스를 받았어요. 저는 콘돔을 되게 싫어해서 정기적으로 만나는 파트너가 있으면 피임약을 먹는 편이에요. 콘돔 쓰면 느낌도 좀 다르고 빨리 마르는 것 같은 느낌도 들더라고요. 피임약 부작용으로 성욕 감퇴가 온 적이 있었는데, 그 후에 성욕 때문에 스트레스를 받으면 차라리 피임약을 먹고 성욕을 좀 죽여 볼까 생각을 한 적도 있었거든요. 하고 싶은데 못 하면 너무 괴로워서.

제가 너무 섹스하고 싶어 했더니 발정 난 것처럼 보였나 봐요. 누군가 말하더라고요. 이러다 수명 줄어들겠다고. 너도 고양이처럼 중성화 수술을 해야 오래 살지 않겠냐고. 그래도 힘닿는 날까진 섹스하면서 살고 싶어요. 저한테 섹스는 당연한 거니까."

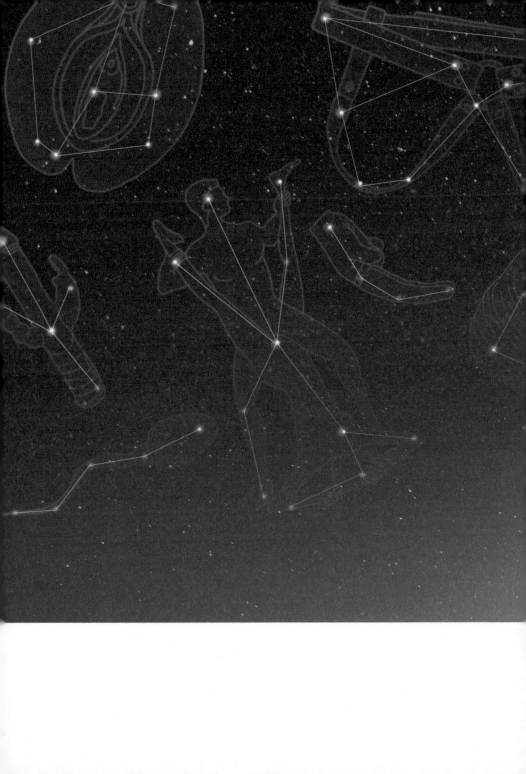

은하선의
움직이는 섹스샵

나에게 딱 맞는 섹스토이 고르기

섹스토이를 쓰는 것만으로 그동안 느낄 수 없었던 궁극의 오르가슴에 다다를 수 있다면 참으로 좋겠지만, 세상일은 그렇게 간단하지 않다. 맞춤형 섹스토이를 고르기 위해서는 자신이 무엇을 원하는지를 알아야 한다. 인터넷 검색 한 번이면 해결되는 섹스토이의 종류와 명칭 등에 대한 설명은 빤하니까 건너뛰겠다. SM용품에 대해서도 다루지 않으려고 한다. 내가 아직 SM에 눈을 뜨질 않아서, 사용해 본 적도 없고 잘 모르기 때문이다.

여기서는 나의 다년간의 섹스토이 '덕질' 생활에서 우러나온 '나에게 딱 맞는 섹스토이 고르는 법'에 대한 이야기를 해 보려고 한다. 섹스토이를 처음 접할 경우 생각보다 가격이 부담스럽고, 종류가 너무 많아서 어떤 것을 골라야할지 몰라 혼란스러울 수도 있다. 처음 써 보는 입장이라 섹스토이가 나한테 맞을지 확신할 수도 없는데, 무작정 비싼 물건을 사기는 망설여지는 게 당연하다.

그래도 궁금하니까 일단 가볍게 맛이라도 보고 싶다면 비교적 저렴한 플라스틱 에그형 바이브레이터를 추천한다. 장담하건데 금방 고장이 나니까 큰 기대는 하지 말고 '맛'만 봐라. 국내에서 구매할 수 있는 섹스토이 중 소위 말하는 '브랜드'가 없는 제품들은 대부분 사용한 지 3개월에서 1년 사이에 고장이 난다. 건전지가 들어가는 저렴한 바이브레이터의 경우엔 자주 사용할 경우 과열되어서 건전지가 녹아내리기도 한다. 전부 나의 경험에서 우러나온 이야기이니 부디 믿어 주시길. 만약 국내에서 저렴하고 브랜드가 없는 섹스토이를 구매해서 1년이 넘게 사용했는데도 고장이 나지 않았다면 인생의 뽑기 운을 전부 섹스토이에 써 버린 게 아닐까 의심해도 좋다. 그래도 처음부터 큰돈을 들여 실험하기가 두렵다면 저 방법을 추천한다. 또 일단 '맛'을 봤는데 나쁘지 않았다면 빠른 시일 내에 돈을 들여 '브랜드'가 있는 제품을 구매할 것을 권한다.

그럼 본격적으로 나에게 딱 맞는 섹스토이를 골라 보자. 당연한 이야기겠지만 섹스토이를 사용하는 데 파트너섹스 경험 유무는 중요하지 않다. 파트너섹스 경험이 없어도 섹스토이를 충분히 사용할 수 있다. 다만 섹스토이를 고르기 전에 자위 등을 통해 내가 무엇을 좋아하는지에 대해서는 알고 있는 것이 좋다. 삽입을 좋아한다면 딜도를, 클리토리스 자극을 좋아한다면 바이브레이터를, 삽입과 동시에 클리토리스 자극하는 것을 좋아한다면 래빗 딜도를 추천한다. 물론 래빗 딜도를 사용하지 않아도 방법은 있다. 섹스토이는 조금만 상상력을 발휘하면 여러 가지 방법으로 응용할 수 있다. 바이브레이터와 수동 딜도를 함께 사용하면 삽입과 동시에 클리토리스 자극을 할 수 있다. 또, 래빗 딜도라고 해서 매번 삽입을 해야 하는 건 아니다. 딜도를 삽입하지 않고도, 래빗 모양 바이브레이터만을 사용할 수도 있다.

바이브레이터

바이브레이터를 고를 때는 절대 잊지 말아야 할 사항이 있다. 강약 조절이 가능한가. 강약 조절이 되지 않는 제품들이 시중에 많이 유통되고 있는데 솔직히 말해서 왜 그런 걸 만들어서 파는지 잘 모르겠다. 손으로 만졌을 때는 다 강하게 느껴진다. 이렇게 강한 걸 내 보지가 받아들일 수 있을까 걱정되시는 분들도 있겠지만, 몇 번 쓰다 보면 생각보다 빨리 적응한다. 신나게 바이브레이터를 쓰다 보면 어떤 날은 더 강한 진동을 원하게 되기도 하는 게 보지다. 강약 조절이 안 되는 제품을 샀다가는 반드시 후회하게 될 것이다. 번거로움을 좋아하거나 소음을 특별히 좋아하지 않는 이상 전선을 꽂아야 하는 안마기 모양의 제품은 피하는 것이 좋다. 안마기로도 사용 가능한 제품을 찾는다면 말리지는 않겠다. 건전지로 작동하는 바이브레이터가 비교적 저렴하지만, 바이브레이터는 생각 이상으로 건전지를 많이 잡아먹는다. 건전지 값도 만만치 않은 데다가 오르기 직전 갑자기 힘을 잃고 꺼져 버리는 바이브레이터만큼 짜증나는 것도 없다. 충전식 바이브레이터와 함께라면 이런 상황을 미리 예방할 수 있다. 방수가 되는지 여부는 바이브레이터를 고르는 데 필수 조건은 아니다. 다만 물속에서 주로 사용할 예정이라면 방수 여부

도 꼭 체크하길. 위에서 언급한 사항을 숙지했다면 이제는 골라 보자. 바이브레이터의 세계는 생각 이상으로 무궁무진하다. 엄지손가락만큼 작아서 숨기기 편한 제품에서부터 인테리어용으로 사용할 수 있는 제품까지. 인형이나 립스틱, 다이아몬드, 컵케이크와 같은 모양의 바이브레이터는 침대 옆에 놔둬도 전혀 섹스토이로 보이지 않는다는 장점을 가지고 있다. 어떤 모양의 바이브레이터를 고를지는 각자의 취향에 맡긴다.

효과100배 사용방법 너무 진동이 강해서 바이브레이터를 사 놓고도 쓰지 못하고 있을 경우엔 팬티 위로 자극을 하거나 수건 등을 깔고 자극하는 것도 방법이다. 또, 건전지로 작동하는 바이브레이터에 새 건전지가 아닌 쓰던 건전지를 넣어서 사용하면 은근한 진동을 느낄 수 있다. 처음부터 바이브레이터를 클리토리스에 가져다 대기보다는 허벅지나 보지 전체에 진동을 주다가 어느 정도 진동에 익숙해졌을 때 클리토리스로 옮겨가는 것이 좋다. 바이브레이터를 켠 상태에서 손목의 스냅을 이용해 압박을 주면 또 다른 기분을 느낄 수 있다.

딜도

앞에서는 일단 쉽게 설명하느라 넘어왔지만, 딜도 자체에도 바이
브레이터 기능이 있는 제품들이 있다. 래빗 딜도와 같은 바이브레
이터 기능이 있는 딜도는 유용하지만 하네스에 끼워서 사용할 수
없다. 하네스에 끼워서 사용할 수 있는 딜도를 찾는다면 딜도 자
체에 바이브레이터가 달린 딜도나 수동 딜도를 선택하는 것이 좋
다. 딜도를 고를 때 가장 중요한 건 크기이다. 처음 딜도 삽입섹스
를 시도하는 경우엔 긴장한 상태일 수 있기 때문에 작다고 생각될
만한 크기의 딜도를 추천한다. 온라인으로 구매한다면 구매 전 딜
도의 지름과 길이에 대해 꼼꼼하게 체크해서 대략의 크기를 가늠
해 보는 것이 좋다. 특히 애널섹스를 처음으로 시도해 보기 위해서
딜도를 구매하려고 한다면 작은 크기의 딜도를 선택하는 것이 좋
다. 바이브레이터를 고를 때도 물론 어떤 소재로 만들어진 제품인
지 따져보는 것이 중요하겠지만, 딜도는 직접 몸 안에 삽입을 해야
하는 만큼 소재를 더 자세히 살펴봐야 한다. 실리콘 소재의 제품은
열에 녹지 않기 때문에 아기 젖병처럼 삶아서 소독해서 사용할 수
있어서 유용하다. 가끔 플라스틱을 가공한 TPRThermoplastic Rubber,
TPEThermoplastic Elastomer 소재로 된 딜도를 실리콘 소재인 것처럼

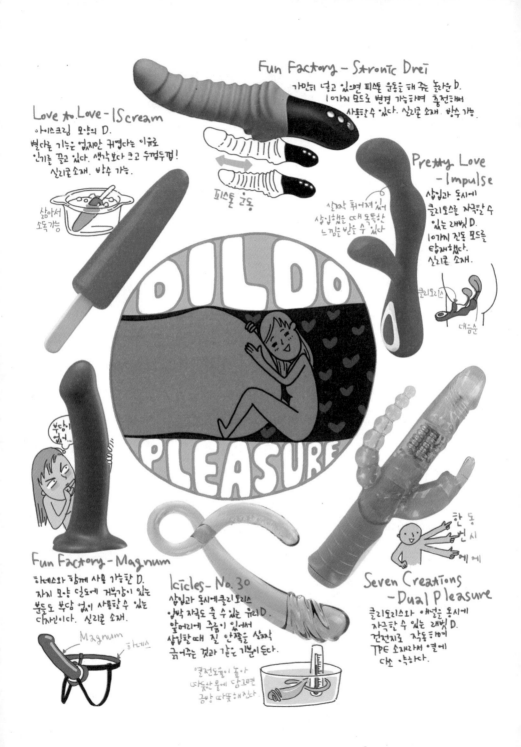

DILDO PLEASURE

Fun Factory - Stronic Drei
가만히 넣고 있으면 피스톤 운동을 해 주는 놀라운 D.
10가지 모드로 변경 가능하며 충전기에
사용할 수 있다. 실리콘 소재. 방수 가능

피스톤 운동

Love to Love - IScream
아이스크림 모양의 D.
별다른 기능은 없지만 귀엽다는 이유로
인기를 끌고 있다. 생각보다 크고 수렴두껍!
실리콘 소재. 방수 가능.

삶아서
소독 가능.

Pretty Love - Impulse
삽입과 동시에
클리토리스를 자극할 수
있는 래빗 D.
10가지 진동 모드를
탑재했다.
실리콘 소재.

삽짝 휘어져 있어
삽입할 때 뭉특한
느낌을 받을 수 있다

클리토리스

대음순

Fun Factory - Magnum
하네스와 함께 사용 가능한 D.
자지 모양 D몸에 거북감이 있는
분도 부담 없이 사용할 수 있는
디자인이다. 실리콘 소재.

Magnum
하네스

Icicles - No.30
삽입과 동시에 클리토리스
압박 자극도 줄 수 있는 유리 D.
알머리에 주름이 있어서
삽입할 때 질 안쪽을 섬세하게
긁어주는 결과 같은 기분이 든다.

열전도율이 높아
따뜻한 물에 담그면
금방 따뜻해진다.

Seven Creations - Dual Pleasure
클리토리스와 애널을 동시에
자극할 수 있는 래빗 D.
건전지로 작동되며
TPE 소재라서 열에
다소 약하다.

한 동
시
에
에

판매하는 경우도 있는데, 그런 소재의 딜도는 뜨거운 온도에 방치할 경우 녹을 수 있기 때문에 주의해야 한다.

실리콘 딜도와 같은 말랑말랑한 느낌은 없으나 유리 딜도도 추천한다. 유리는 열전도율이 좋아서 사용 전 따뜻한 물에 담가 놓으면 금방 따뜻해진다. 강화유리로 만들어지기 때문에 깨질 염려는 하지 않아도 된다. 딱딱해서 넣었을 때 아프지 않을까 하는 생각을 할 수도 있겠지만, 전혀 아프지 않다. 대부분 딜도라고 하면 싱글 딜도를 떠올리지만, 양쪽에서 둘이 사용할 수 있는 더블 딜도도 있다. 둘이 동시에 삽입섹스를 할 수 있다는 장점이 있지만, 처음부터 쉽게 적응하기를 기대하는 건 무리일 수 있다. 딜도는 남성 자지와 흡사한 모양의 리얼 딜도부터 다양한 색상과 모양의 딜도까지 다양하다. 각자의 취향에 맞게 고르면 된다. 리얼 딜도에 거부감이 있을 경우 아이스크림이나 바나나 모양으로 된 딜도를 사용해 보는 것도 좋다.

효과100배 사용 방법 딜도를 사용하기 전 일단 몸의 긴장을 푸는 것이 중요하다. 무언가 몸 안에 들어온다고 생각하는 것만으로 질 안이 수축할 수도 있다. 클리토리스와 외음부를 충분히 애무해서 젖은 상태에서 삽입을 하는 것이 좋다. 딜도를 보는 것만으로 겁을 먹는 파트너와 섹스를 할 경우엔 안대 등으로 눈을 가려 미리 딜도를 보지 못하도록 하면, 의외로 쉽게 삽입을 할 수도 있으니 참고하자. 또 무작정 차가운 딜도를 가져다 대면 몸이 더 놀랄 수 있으므로 넣기 전에 손으로 감싸거나 미리 따뜻한 물에 넣어 놓는 것을 추천한다. 입 안에 넣었다가 빼는 것도 빠르게 딜도를 따뜻하게 할 수 있는 방법이다. 딜도 전체와 보지에 러브젤을 충분히 바르면 더 쉽게 삽입할 수 있다. 콘돔을 씌우고 사용할 경우엔 콘돔 위에 러브젤을 발라야 한다.

하네스

하네스는 딜도를 사용하면서도 두 손을 자유롭게 만들어주는 제품이다. 소재는 가죽, 천 등 다양하다. 하네스를 고를 때 가장 중요하게 고려할 점은 쉽고 빠르게 착용할 수 있는가이다. 벨트로 조절할 수 있는 제품은 생각보다 착용 방법이 어려운 경우가 많으므로 벨트보다는 찍찍이로 쉽게 떼었다 붙였다 할 수 있는 제품을 추천한다. 또 중간에 딜도를 끼울 수 있는 구멍이 있는 팬티 하네스는 평소에 팬티로도 입을 수 있기 때문에 섹스 직전 딜도만 끼우면 바로 사용할 수 있어서 매우 편리하다.

만약 벨트 하네스를 구매하고 싶다면 디자인에 유의해야 한다. 벨트 하네스는 티팬티와 비슷한 디자인이 많다. 티팬티에 익숙한 사람이라면 모르겠지만, 잘못하면 섹스 중 엉덩이 사이에 벨트가 껴서 아플 수도 있다. 두 개의 끈이 양쪽 엉덩이를 지탱해 주는 디자인의 하네스는 편안하게 사용할 수 있으니 잘 보고 구매할 것. 찍찍이가 붙어 있는 하네스는 사용하기 간편하지만 복부에 살집이 있는 경우엔 섹스 중에 찍찍이가 자꾸 떨어질 수도 있으므로, 구매 전 사이즈를 미리 잘 체크하는 것이 중요하다. 허리를 사용하기 힘들 경우 무릎이나 허벅지에 착용할 수 있는 하네스를 사용하는 것도 한 방법이다.

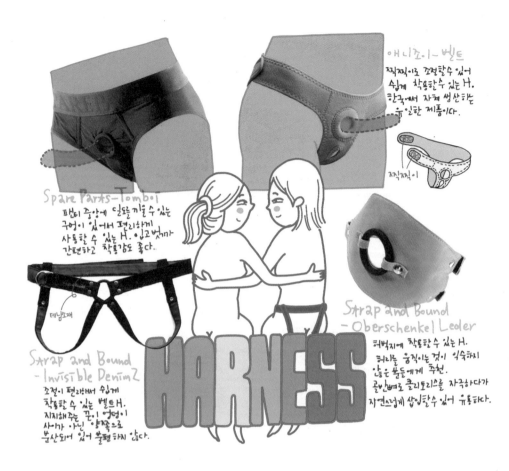

애니죠이 벨트
찌찌직이로 조절할수있어
쉽게 착용할수있는 H.
한국에서 자체 생산되는
유일한 제품이다.

찌찌직이

Spare Parts-Tomboi
팬티 중앙에 딜도를 끼울수있는
구멍이 있어서 편리하게
사용할수 있는 H. 입고벗기가
간편하고 착용감도 좋다.

Strap and Bound
- Oberschenkel Leder
허벅지에 착용할수 있는 H.
허리를 움직이는 것이 익숙하지
않은 분들께 추천.
골반뼈로 클리토리스를 자극하다가
자연스럽게 삽입할수 있어 유용하다.

테님소재

Strap and Bound
- Invisible Denim2
조절이 편리해서 쉽게
착용할수 있는 벨트H.
지지해주는 끈이 엉덩이
사이가 아닌 양쪽으로
분산되어 있어 불편하지 않다.

HARNESS

효과100배 사용방법 하네스를 착용하고 섹스를 할 경우에 섹스 도중 상대방의 질에서 딜도가 빠질 수 있다. 무언가를 삽입하는 이상 당연히 빠질 수도 있으니 특별히 걱정할 일은 아니다. 다만, 딜도가 빠진 것도 모르고 계속 움직이는 상황이 발생할 수도 있으니, 수시로 체크를 하는 것이 중요하다. 끼워 놓은 딜도의 납작한 면이 클리토리스나 외음부를 자극할 수 있도록 각도를 잘 조절하면 받는 사람뿐만 아니라 하는 사람도 오르가즘을 느낄 수 있다. 또, 너무 깊게 삽입할 경우 사용 중 딜도와 하네스 사이의 틈에 상대방의 클리토리스나 음모가 끼일 수도 있으니 조심해야 한다. 하네스에는 딱딱한 유리 딜도보다는 유연한 실리콘 딜도를 끼워서 사용하는 것을 추천한다.

러브젤

Mr. Nori-Magic Gel

물과 함께 섞어 사용할
수 있는 LG. 점성이 정말
놀라워 몸에 바르고
마사지를 하면 묘한
느낌을 받을 수 있다.
해초 등으로 만들어
민감한 피부에도 안심하고
사용할 수 있다.

	좋아요	바르면
핫젤	겨울에	따뜻해요
쿨젤	여름에	시원해요

유통기간이
지났어. 2년의...
ㅠㅠ

Waterglide-Warming

바르고 마사지를 하면 점점
뜨거워지는 느낌을 받을 수 있는 LG.
점성이 높지 않아 가볍게
사용하기 좋다.

러브젤에는 핫젤이나 오르가슴젤, 쿨젤, 향이 첨가된 세품, 점성이
강한 제품 등 여러 가지가 있기 때문에 각자의 취향에 따라 선택하
면 된다. 겨울에는 핫젤을 사용하고 여름에는 쿨젤을 사용하는 것
도 섹스에 색다른 재미를 가져다줄 수 있다. 핫젤은 말 그대로 발
랐을 때 따뜻한 느낌을 주고, 쿨젤은 멘톨 성분이 들어 있어서 발

랐을 때 시원한 느낌을 준다. 시중에 유통되는 오르가슴젤은 마치 바르기만 하면 오르가슴이 찾아올 것처럼 과장된 이름을 달고 있는 경우가 많다. 하지만 바르고 손으로 잘 애무를 했을 경우에 효과를 볼 수 있는 제품은 있어도 바르는 것만으로 오르가슴을 느끼도록 해 주는 제품은 없다. 오르가슴젤은 핫젤을 업그레이드 시킨 버전이라고 봐도 무방하다. 발랐을 때 보지가 후끈후끈해진다. 그렇기 때문에 민감한 피부를 가지고 있다면 핫젤이나 오르가슴젤을 사용했을 때 통증을 느끼거나 부어오르는 것과 같은 느낌을 받을 수도 있다. 그러므로 일단 소량으로 테스트를 해 본 뒤 본격적으로 사용하는 것이 좋다. 딜도를 사용할 때도 러브젤은 필수지만, 잘 젖지 않아서 섹스할 때 괴로운 경우 러브젤은 특효약이 될 수 있다. 섹스 전 러브젤을 바르고 맛사지를 하는 것도 좋겠지만, 섹스 전에 튜브형으로 된 러브젤을 질 안쪽에 짜서 넣어 놓는 것도 추천한다. 향에 예민하다면 무향무취의 제품을 고를 것을 권한다. 약국에서 구매할 수 있는 의료용 젤도 러브젤 대용으로 쓰기에 나쁘지 않다. 산부인과에서 질 초음파를 볼 때 기구 삽입 전 바르는 것이 바로 의료용 젤이다.

효과100배 사용방법 딜도와 마찬가지로 러브젤도 차가울 경우 오히려 섹스에 독이 될 수도 있다. 사용 전 뜨거운 물에 중탕을 하거나, 담가 놓으면 사용하기 적당한 온도가 된다. 러브젤도 화장품과 마찬가지이기 때문에 개봉 후에는 변질될 수 있다. 개봉 후 2년이 지났다면 이제 그만 버리고 새로운 러브젤을 구매할 것을 권한다.

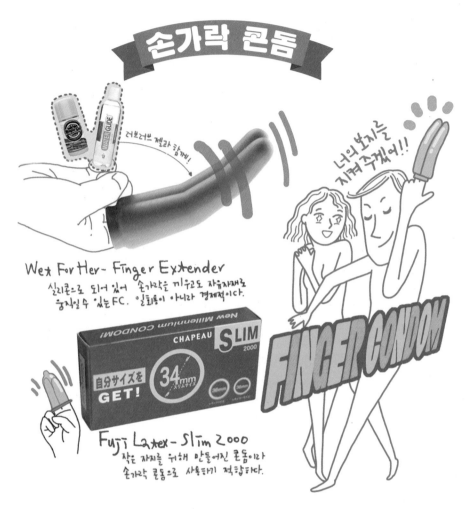

손가락 콘돔

러브러브 젤라 함께!

Wex For Her - Finger Extender
실리콘으로 되어 있어 손가락을 키우고도 자유자재로
움직일수 있는 FC. 일회용이 아니라 경제적이다.

New Millennium CONDOMI
CHAPEAU SLIM 2000
自分サイズを GET! 34mm 슬림사이즈

Fuji Latex - Slim 2000
작은 자지를 위해 만들어진 콘돔이라
손가락 콘돔으로 사용하기 적합하다.

너의 보지를 지켜 주겠어!!

FINGER CONDOM

피임을 목적으로 쓰이는 콘돔에 대한 정보는 이미 넘쳐난다. 그러
므로 여기서는 손가락 콘돔과 손가락 콘돔 대용으로 쓰기 좋은 콘
돔에 대해서 다뤄 보겠다. 여성의 질은 굉장히 예민하다. 게다가 질
안 쪽은 쉽게 볼 수가 없기 때문에 피가 나지 않는 한 상처가 생겨
도 스스로도 자각하지 못하는 경우가 많다. 또 손으로 섹스를 하는

중에 손톱에 긁혀서 피가 쉽게 날 수 있으므로 손가락 콘돔을 사용하는 것이 좋다. 수술용 라텍스 장갑을 손가락 콘돔 대용으로 쓸 수도 있지만, 손에 땀이 많은 분들은 답답하다고 느낄 수 있다.

섹스샵에서 주로 손가락 콘돔이라고 판매하는 제품들은 골무처럼 생겼다. 일반 콘돔과는 달리 전혀 윤활제가 발라져 있지 않고 개별 포장이 되어 있지 않기 때문에 물에 한 번 헹궈서 러브젤을 바른 뒤 사용하는 것을 권한다. 또 '슬림', '스몰'이라고 적혀 있는 둘레가 좁은, 그러니까 작은 자지를 위해 만들어진 콘돔은 손가락 콘돔 대용으로 매우 적합하다. 초박형 콘돔은 얇아서 손톱과 살 사이의 틈에 낄 수 있으므로 손가락 콘돔 대용으로는 추천하지 않는다. 하지만 요즘엔 초박형 콘돔이 유행이라 대부분의 콘돔이 '초박형'이라는 이름을 달고 나온다. 그래서 초박형이지만 손가락 콘돔으로 사용하기에 문제가 없는 것도 간혹 발견할 수 있다. 그러나 직접 구매해서 뜯어 보기 전까지는 알기가 힘들다.

소비가 잦아서 일회용 콘돔을 매번 챙기기가 번거롭다면, 실리콘으로 된 손가락 콘돔도 추천한다. 처음 구매할 때는 일회용 콘돔에 비해 가격이 부담스러울 수 있지만, 사용 후 세척해 놓으면 계속해서 쓸 수 있어서 더 경제적이다. 다만 라텍스 콘돔에 비해 두껍다는 단점이 있다.

효과100배 사용 방법 섹스 바로 직전에 손톱을 깎았다면 날카로운 부분이 있을 수 있으므로 부드럽게 줄로 갈아서 손질하는 것이 좋다. 손톱이 날카로운 상태에서 콘돔을 끼면, 콘돔을 끼더라도 질 내부에 상처를 줄 수 있다. 일회용 콘돔은 말 그대로 일회용이다. 한 번 쓰고 아깝다고 세척해서 또 쓰는 일은 절대 추천하고 싶지 않다.

언제 처음
해 봤어?

초등학교도 들어가기 전 그러니까 다섯 살 때쯤이었겠지. 동네 언니와 침대에 누워 딱딱한 장난감을 '보지'에 갖다 대며 놀았던 적이 있다. 아마 장난감 전화기였던 것 같은 기억이 난다. 언니는 커튼을 치고 방을 어둡게 만든 다음 나를 침대에 눕혔다. 그리고 이렇게 하면 기분이 좋아진다면서 장난감 모서리를 내 팬티 위에 가져다 댔다. 야릇한 기분이 들면서 화장실이 가고 싶어졌지만 나쁘지 않았다. 어떻게 보면 그게 내 인생 최초의 섹스에 대한 기억이다.

난 분명 파트너섹스를 하기 한참 전부터 섹스에 대한 놀이들을 하고 있었다. 한번 빠져들면 시간 가는 줄 모르는 놀이, 누구에게도 해를 끼치지 않는 완벽한 놀이. 그건 아무리 생각해도 분명히 섹스다. 팬티 안에 손을 넣고 한참 보지를 만지다 잠이 들었던 기억들도, 내 어릴 적 놀이의 기억들도, 전부 섹스다. 손가락을 두 개도 넣어 보고 세 개도 넣어 봤던 기억, 엄마 몰래 밤늦게 '새롬 데이터맨'으로 '천리안'에 접속해 성상담 글로 위장한 야설을 읽으며 상상의 나래를 펼치기도 했던 기억. 그러나 내가 이 기억들을 또 다른 섹스라고 이름 붙인 건 얼마 되지 않았다.

'유사 성행위'라는 말이 있다. 성기 삽입과 비슷한 효과를 주지만 직접적인 성기 삽입은 아닌 성행위를 지칭하는 말이다. 지금은 폐지된 간통법도 '성기 삽입'의 증거가 없으면 유효하지 않았다. 성기 삽입을 하지 않았다면 '진짜 섹스'가 아니라는 뜻과 마찬가지다. 성기 삽입만이 진짜 섹스라면 보지에 자지를 처음 넣는 그 순간만이 첫 섹스라는 걸까. '언제 처음 해 봤어?'라는 질문은 순식간에 지나가 버린 그 순간에 대한 질문인 걸까. 성기 삽입만이 진짜 섹스라는 생각에서 벗어난다면 첫 섹스에 대한 기억도 달라질 것이다. 그리고 첫 섹스에 더 이상 집착하지 않아도 될지 모른다. 그렇게 된다면 세상 여자들을 얽매고 있는 '순결'이라는 단어도 사라지게 되겠지.

열다섯, 섹스를 하다

먼저 덤빈 건 나였다. 아무래도 좋았다. 남들보다 빨리 섹스를 하고, 남들보다 빨리 어른이 되겠다는 야무진 꿈이 있던 것도 아니었다. 다른 건 없었다. 하고 싶었고 궁금했다. 오럴 섹스를 받는 느낌이 궁금해서 손가락에 침을 잔뜩 묻혀 보지를 만지던 아이였으니, 누군가와 함께 하는 섹스가 얼마나 궁금했을지 대충 짐작이 가지 않나?

욕망이 나를 움직였고 나를 섹스하게 했다. 하고 싶은데 어쩌겠나? 해야지. 보지에 손 좀 집어넣어 보라고, 아니 거기가 아니라 여기라고, 망설이는 그를 재촉한 건 나였다. 당시 나의 첫 섹스 파트너이자 연애 상대였던 갓 대학에 입학한 새내기 '오빠'는 죄를 짓는 것 같다며 정말 괜찮겠냐고 여러 번 물어봤다. 그의 마음 같은 건 아무래도 상관없었다. 중요한 건 내 마음이니까. 나는 그때 섹스가 너무 하고 싶었으니까.

그는 조심스럽게 내 보지를 만지작거리기 시작했다. 한 손으로 보지를 만지작거리며 그가 고해성사하듯 나에게 말했다.

"나 사실 예전에 사귀던 여자친구, 가슴까진 만져 본 적 있어. 네가 완전히 처음은 아니야. 왠지 알고 있어야 할 것 같아서. 네가 나 여자 경험 처음인 줄 알까 봐."

으응. 그래. 알았어. 됐으니까 빨리 하자. 나는 그의 엉덩이를 세게 끌어당겼다. 심호흡을 한 번 하고. 천천히 깊게. 이게 들어오는 건가 싶어 살짝 고개를 트는 순간, 살이 찢어지는 것 같은 느낌이 온 몸을 휘감았다. 아니, 충분히 젖으면 하나도 안 아프다며. 잡지에서 거짓말 친 거야? 아니, 얼마나 더 젖어야 '충분히' 젖은 상태가 되는 거야? 화려한 자위 경력도 '진짜' 삽입섹스 앞에서는 이렇게 무너지는 건가? 손가락 두세 개를 넣어 휘저으며 자위할 때는 별 무리 없이 잘 들어갔는데 별로 커 보이지도 않은 자지가 왜 이렇게 아픈 거지. 왠지 자존심이 무너지는 기분이었다. 삽입하는 순간도 너무 아팠지만, 겨우 넣은 다음에도 통증이 쉽게 가시지 않았다. 그가 살짝만 허리를 움직여도 눈물이 날 것처럼 아파서, 그대로 멈춰 있어야만 했다. 첫 번째로 섹스했던 날도 그랬지만, 두 번째로 섹스했던 날에도 마찬가지였다. 내 위에서 움직이며 황홀해 하는 그의 표정이 보고 싶었다. 말로만 들었던 정액을 실제로 보면 어떨지 궁금했다. 정말 밤꽃 냄새가 나는지, 맛은 어떤지, 만졌을 때 촉감은 어떤지.

'대체 몇 번쯤 더 해야 편하게 섹스할 수 있는 걸까?' 오직 그

한 가지에 대한 생각이 내 머릿속을 가득 채웠다. 데이트는 학교와 집을 오가는 지하철 안에서라도 할 수 있었지만, 섹스는 그렇지 않았다. 그때 내가 오빠와 섹스를 할 수 있었던 유일한 장소는 자취방이었고, 자취방을 오가는 시간만 해도 결코 짧지 않았다. 여러모로 섹스는 시간이 많이 걸리는 작업이었기 때문에, 조퇴를 하거나 엄마에게 거짓말을 쳐서 시간을 확보해야만 가능했다. 그날도 섹스를 하기 위해 담임 선생님 앞에서 할리우드 여우조연상급 연기를 선보이며 조퇴에 성공했었다. 아무리 연기를 잘한다고 해도 매일같이 조퇴를 할 수는 없었기 때문에 한 번 조퇴 찬스를 사용하고 나면, 당분간은 자중해야 했다. 자칫 잘못하다가는 엄마에게 담임 선생님의 전화가 들어갈 수도 있으니까.

그렇게 조퇴까지 해 가며 날을 잡은 건데 이렇게 제대로 섹스도 하지 못하고 시간을 보내기는 너무 아까웠다. '그냥 일단 움직여 봐? 움직이다 보면 괜찮아질 수도 있잖아.' 아쉬운 마음에 한 번 더 시도해 봤으나 더 나아지기는커녕 고통이 더 심해지기만 했다. '오늘만 날이겠어? 다음에 또 하면 되지. 집에 갈 시간도 다 됐다.' 못내 아쉬운 가슴을 부여잡고 나는 그렇게 집으로 돌아갔다.

집에 돌아와 찬물이나 한잔 마시려고 냉장고 문을 여는 순간, 눈에 띄는 물건이 하나 있었다. 길고도 아름다운 초록색의 물체, 바로 오이였다. 바로 이거다. 아, 좋은 야채로구나. 오이를 꺼내 깨끗하게 씻고 비닐 랩으로 몸통을 돌돌 감았다. 그래, 일단 오이로 집에서 연습해 보는 거야. 혼자서 어떻게든 넣었다 뺐다 해 보면 금방 익숙해질지도 몰라. 방에 들어가 문을 잠근 후 옷을 벗었다. 부모님이 집을 비운 상태였지만 그래도 혹시 모르니까.

침대에 누워 심호흡을 한 다음 눈을 질끈 감고 보지에 오이를 넣었다. 왜 그렇게까지 삽입섹스에 집착했는지는 나도 모르겠다. 그때는 그저 하루라도 빨리 쉽게 넣고 쉽게 뺄 수 있는 상태가 되고 싶었다. '오이 넣기'는 아프지만 참을 만했다. 그렇게 부모님이 집을 비우실 때마다 꾸준히 오이 넣기를 했다. 아프긴 했지만 뭐든 꾸준한 게 중요하다는 엄마의 말씀을 되새기며 성실하게 오이 넣기에 임했다.

어느새 오이로 피스톤 운동이 가능한 단계에 이르렀다. 이 정도면 그와 충분히 즐겁게 섹스를 할 수 있을 거란 확신이 들었다. 다음 날, 몸이 좀 아프다는 핑계를 대고 성공적으로 조퇴를 한 나는 그의 집으로 단숨에 달려갔다. 급하게 달려들어 그의 자지를 세우고 옷을 훌렁훌렁 벗은 뒤 자랑스럽게 말했다.

"오늘은 확실해."

예상했던 대로 처음보다 훨씬 쉽게 할 수 있었다. '진짜' 섹스는 그래도 처음이라 서툴다며, 오빠는 멋쩍은 표정으로 느리게 엉덩이를 움직이기 시작했다. 무슨 일이 있었기에 오늘은 이렇게 잘 들어가냐고 그가 물었지만 딱히 대답하지는 않았다. 딱딱한 자지가 내 몸에 들어왔다 나갔다 하는 기분은 충분히 자극적이었고 기분 좋은 일이었다. 한 번 섹스를 하고 나니 계속 하고 싶어졌다. 밤늦게 전화기 너머로 들려오는 그의 목소리에 흥건히 젖은 보지를 주체하지 못하고 집을 뛰쳐나온 적도 있었다. 늦은 밤, 집 밖으로 나오기 위해서는 엄마와 싸워야 했다. 어떻게든 나갈 만한 구실을 만들어야 나갈 수 있었다. 엄마에게 일단 시비를 걸고 둘 다 흥분해 언성이 높아질 때쯤 "더 이상 이 집 구석에서 못살겠다!"라고 소리를 치고 뛰쳐나오면 됐다. 갑자기 맥락 없이 엄마에게 화를 내고 무사히 집밖으로 나와 그에게 달려가면서 왠지 연기를 해도 괜찮을 것 같다는 생각을 했다. 아, 섹스가 뭐길래. 섹스 좀 하자고 이런 짓까지 하다니. 엄마, 미안.

그때 맺은 오이와의 인연으로 난 항상 오이에게 고마운 마음을 항상 간직하며 살아가고 있다. 오이의 아삭한 식감도 물론 좋아한다. 당시 나는 섹스토이의 세계에 대해 전혀 알지 못했다. 만약 딜도의 존재를 알았다면, 오이가 아니라 딜도를 구해서 연습하지 않았을까 싶기도 하다. 러브젤을 바르고 더 부드럽게 자지 삽입을 시도했을 수도 있었을 거다. 아니 어쩌면, 그토록 파트너와의 삽입섹스에 그토록 집착하지 않았을지도 모르겠다. 물론 자지가 내 몸에 들어올 때의 그 느낌에 대한 호기심까지 딜도가 채워 주지는 못했을지도 모르지만, 착실하게 오이 넣기 연습 같은 걸 해 가면서까지 삽입섹스를 하려 들지 않았을지도 모르겠다. 적어도 궁금해서 몸이 달아 어쩔 줄 몰라하지 않았을지도 모른다. 전부 모르는 일이지만.

딜도와 바이브레이터, 러브젤 등 각종 섹스토이에 대한 존재를 알게 된 건 고등학생이 된 이후였다. 법적으로는 미성년자도 청소년 유해물건에 속하지 않은 섹스토이를 구매할 수 있다고는 하지만 '성인용품점' 앞에는 전부 미성년자 출입금지 팻말이 붙어 있었기 때문에 가게에 들어갈 수조차 없었다. '성용품'도 아닌 '성인용품'이었다. 성인만 섹스를 하라는 법이 있는 것도 아니고 섹스를 한다고 성인이 되는 것도 아닌데, 왜 그렇게 부르는지 매우 궁금했지만 '10대 섹스 해방'을 외치며 섹스샵 앞에서 시위를 할 만한 깜냥이 있는 것도 아니었다.

당시 '직장인 오빠'를 사귀고 있었으나 대신 사다 달라고 말하기엔 부끄럽기도 하고 자존심이 상하기도 했다. 아, 진동이라, 뭐 비슷한 거 없을까. 어린 게 죄지. 섹스도 못 하게 해. 자위도 못 하게 해. 다 못 하게 하고. 다른 건 뭐 그렇다고 쳐도 아니 왜 자위는 못 하게 하는 거야. 그렇게 염려하는 임신의 위험도 없는데 말이야.

안방에 있는 아빠의 전용 안마기가 생각났지만, 아무래도 그건 소리도 너무 크고 강한 것 같았다. 그래 진동 칫솔이 있었지! 진동 칫솔이 나를 구원할 거야. 그러나 진동 칫솔은 생각보다 힘이 없었고 어딘가 많이 부족했다. 사귀던 '직장인 오빠'에게 이런 이야기를 하자 예상대로 나를 비웃었다. 자신과의 섹스가 그렇게 만족스럽지 않았냐며, "어린 게 섹스 밝힌다"라고 말했고, 진동 칫솔과의 섹스라니 "더럽다"라고 말했다. 그는 자신과 함께하는 섹스가 아닌 나 혼자 하는 섹스 경험을 받아들이지 않았다. 받아들이기는커녕 심지어 무시하고 폄하하려 했다. 억울했지만 그 지점에 대해서 조목조목 따지고 들기에 그때의 나는 아직 입장 정리가 덜 된 상태였다. 지금이라면 3박 4일을 붙잡고 이야기해도 모자랄 만큼 많은 이야기를 할 수 있다.

'네가 진동칫솔에 대한 특별한 포비아를 가지고 있어서 그런 말을 하고 있는지는 모르겠다만, 내 귀에는 네가 한 말이 자위를 하는 여자는 더럽다는 말로 들리네. 내가 잘못 들었니?'라고 이야기를 시작했겠지. 그리고 자위를 하는 여자가 더럽다는 건 자위를 하는 여자에 대한 잘못된 선입견일 뿐이다, 너는 매일 같이 딸 치면서 여자가 하는 자위는 왜 더럽냐며 혼이 쏙 빠지게 흔들어 줬을 거다. 어쩌면 설명하기 귀찮아서 그냥 버리고 갔을지도 모르겠다만.

얼마 후, 나는 그와 헤어지고 '직장인 아저씨'를 만나기 시작했다. 직장인 아저씨는 다행히도 나의 섹스 경험을 재미있어 하고 존중했다. 아저씨의 도움으로 나는 난생 처음 바이브레이터를 갖게 되었다. 작지만 질에 넣을 수도 있고, 스위치를 회전시키면 진동 강약이 조절되는 그런 아이였다. 바이브레이터의 세계는 내가 상상했던 것보다 더 크고 아름다웠다. 그동안의 자위, 파트너섹스로는 느낄 수 없었던 세계가 내 앞에 펼쳐졌다. 바이브레이터를 클리토리스에 갖다 대고 질에 힘을 줬다 풀었다 하면서 힘 조절을 하면 또 다른 느낌이 든다는 것도 알게 되었다. 새 건전지를 넣었을 때 진동이 너무 강하면, 어느 정도 쓰던 건전지를 넣어 진동 세기를 조절했다. 손목 스냅을 이용해서 클리토리스를 압박하면서 오르가슴에 오르기도 했다.

바이브레이터는 참 좋은 물건이었다. 내 자위의 역사는 길었지만, 바이브레이터는 또 달랐다. 현대 문명이 좋긴 좋구나. 인간은 역시 도구를 써야 되는 거였어. 오르가슴은 어쩌면 운전이나 수영과 같은 건지도 몰랐다. 한번 경험하고 난 뒤에는 몸이 알아서 기억한다는 운전이나 수영 말이다. 물론 나는 운전도 수영도 못하지만. 암튼 바이브레이터로 짜릿한 기분을 맛보고 나니, 바이브레이터가 아닌 딱딱한 물건으로 클리토리스를 압박하면서도 비슷한 오르가슴을 느낄 수 있게 되었다.

　지금도 모르겠다. 왜 성인이 되어야만, 섹스토이를 구매할 수 있는 건지. 아니, 그 전에 왜 섹스를 못 하게 하는 건지도 잘 모르겠다. 섹스도 못 하게 하고 자위도 못 하게 하는 그 꼬인 마음이 나는 전혀 이해가 되지 않는다.

　대한민국 형법은 만 13세 미만 미성년자와 성행위를 하면 비록 합의에 의한 것이라도 강간으로 간주해 처벌하도록 규정하고 있다. 즉, 만 13세까지는 성적 자기결정권을 인정받지 못한다. 그러나 지금과 같이 섹스를 할 수 있는 나이가 법적으로 정해진 건 생각보다 얼마 되지 않았다. 비교적 가까운 조선시대에도 열다섯 이전에 결혼을 하는 조혼 문화가 성행했었다. 이른 임신과 출산이 산모와 아이에게 건강상 위험한 영향을 줄 수도 있다지만, 여기서 중요한 건 '결혼'이나 '임신', '출산'이 아니라 우리 조상님들이 그만큼 어린 나이에 섹스를 하며 살아오셨다는 점이다. 사회에서 말하는 법적 성인, 결혼 적령기가 되어도 결혼과 양육에 필요한 돈을 벌기가 힘든 시대다. 그러니 당연히 10대가 '임신'과 '출산'을 하면, 아이를 키우기가 쉽지 않은 게 사실이다. 그런데 왜 그 다음 사고의 흐름이 '이 녹록치 않은 세상에서 10대들이 원치 않은 임신과 출산을 겪는 것을 막기 위해서는 일단 10대들이 섹스를 못 하게 해야 한다. 그것이 진정 10대들을 위하는 길이다. 10대들은 자신의 행동에 대한 책임감이 없다'로 건너뛰는지 모르겠다.

　'원치 않은 임신'은 법적인 성인들에게도 일어날 수 있는 일이고 이미 많이 일어나고 있다. 그런 이유에서 결혼 후에 섹스를 해야 한다고 주장하는 분들도 종종 계시지만, 안타깝게도 결혼해도 '원치 않은 임신'은 피할 수 없다. 이 육신 있는 힘껏 생기는 대로 다 낳아 인구 증가에 기여하리라는 청운의 푸른 꿈을 가지고, 피임을 전혀 하지 않는 부부가 과연 몇이나 될까. 대안은 피임 방법에 확실한 교육이 되어야지, 금욕이 되어서는 안 된다. 한 살이라도 어릴 때 공부를 해야 한다면서 피임에 대한 교육은 왜 미루는가. 자기는 섹스하고 싶어도 참으면서 어른이 되는 그날만을 간절히 기다려 왔는데, 섹스까지 하면서 즐겁게 생활하는 10대들을 보니 사돈이 땅 산 깃처럼 배가 아픈 그 심정 이해한다. 하지만 그렇게 꼬인 마음으로 사는 건 건강에 해롭다.

어찌 보면 10대 섹스를 외치기 전에 먼저 해결해야 할 과제가 바로 10대의 자위다. 그중에서도 10대 소녀의 자위. 만약 10대 소녀가 딜도와 바이브레이터를 가질 수 있다면 어떻게 될까? 지금보다 더 쉽게 10대 소녀들이 자신의 섹스 경험에 대해, 자위 경험에 대해 이야기할 수 있다면 어떻게 될까? 오랜 시간 동안 처녀막은 처녀의 상징처럼 여겨져 왔다. 하지만 사실상 처녀막의 유무는 섹스 경험의 유무와 상관없다는 것이 밝혀진 지 오래다. 그럼에도 사람들은 여전히 처녀막에 매달리고 있으며, 그 덕분에 일부 산부인과에서는 처녀막 재생술이라는 이름의 수술로 돈을 벌고 있다. 더 쉽게 10대 소녀들이 섹스를 이야기할 수 있다면 분명 처녀막에 매달리는 웃기는 사람들이 지금보다 줄어들지 않을까? 10대 소녀들의 자위는 마치 없는 것처럼 취급되지만 10대 소년들은 '몽정기'라는 이름으로 섹스하고 싶은 욕망을 인정받는다.

초등학교 때 동네 형들한테 자위하는 방법을 처음 배웠다는 남자를 만난 적이 있었다. 계속 자지를 위아래로 흔들다 보면 어느 순간 펑 하고 터지는 기분이 들면서 하얀 정액이 나온다고 알려줬단다. 그의 이야기를 들으면서 난 부러웠다. 나의 초등학교 시절엔 아무도 어떻게 자위를 해야 되는지 알려주지 않았기 때문이다. 물론 알아서 터득했고 알아서 잘해 왔지만, 초등학교 시절 섹스에 대해 이야기를 나눌 만한 동네 언니나 친구가 나에겐 없었다. 몰래 야설을 읽다 들켰을 때 "우리 딸 다 컸네"라고 격려해 주거나 머리맡에 부드러운 '크리넥스'를 놓아 주는 부모님도 없었다.

여자들이 성에 대해 말하기 어렵다고 했을 때, "남자들도 마찬가지다"라고 말하는 남자들이 짜증나는 이유는 여기에 있다. 남성 청소년들의 성은 지금도 각종 매체에서 다뤄지고 있는 닳고 닳은 소재다. 야동을 보면서 자위를 하다가 부모님이 갑자기 방문을 열어서 들키는 장면은 TV 드라마나 예능 프로그램, 만화 등 장르를 가리지 않고 등장하는 클리셰다. 책상 한가득 휴지가 쌓여 있는 장면도 절대 빠지지 않는다. 수능 보기 전날에는 자위해서 힘 빼지 말라고 말해 주는 사려 깊은 선생님도 있다. 이토록 남자들은 10대 소년 시절부터 섹스에 대한 일종의 '특혜'를 받으며 살아왔으면서, '남자들도 섹스에 대해서 말하기 힘들다', '성에 대한 터부는 사회 전체적인 현상이다', '그런 건 여자들의 피해의식 아닌가?' 이러고 있으니 내가 어떻게 열받지 않고 버티겠나.

10대 소녀들에게도 성욕이 있다. 보이지 않고 다뤄지지 않는다고 없는 게 절대 아니다. 자위를 하고 섹스를 하는 10대 소녀들은 결코 적지 않다. 그러나 10대 소녀의 성욕은 인정받지 못한다. 생리를 시작했을 때 어른이 됐다며 축하를 해 주기도 하지만, 그건 '아이'를 낳을 수 있는 몸이 됐다는 의미의 축하일 뿐이다. 10대 소년들은 자위에 대한 경험을 사이좋게 나누며 '남성 사회'에 입문할 준비를 한다. 파트너섹스를 경험이라도 하면 순식간에 또래들 사이에서 부러움의 대상이 된다. 10대 소년의 성욕이 이토록 당연하게 받아들여지고 있는 것과 반대로 불쌍한 우리 10대 소녀들은 성욕 자체도 인정받지 못한다. 이렇게 성장 과정에서부터 남성과 여성은 성에 대해 다르게 배우며 자란다.

10대 소녀들에게 섹스토이를 지원한다면 어떨까? 여성의 자위에 대한 터부에서 벗어나 자신의 몸을 탐구하는 방법을 알려 주는 것만큼 기막힌 성교육이 어디 있을까. 10대 소녀들이 자위에 대한 경험을 또래와 나눌 수 있다면 자연스럽게 '어른'이 되어서도 섹스에 대해 이야기할 수 있을 거다. 오이와 긴밀한 관계를 맺었던 열다섯의 나와 다시 만날 수 있다면 끝내주는 딜도와 바이브레이터를 선물하고 싶다.

섹스라는
이름의
사치

자취를 하는 '어른'과 만나면 섹스할 공간을 찾아 헤맬 필요가 없었
지만 어른이라고 해서 모두 자취를 하는 건 아니었다. 부모님과 같
이 사는 '대학생 오빠'도 있었고 부모님과 같이 사는 '직장인 아저
씨'도 있었다. 물론 매번 자취를 하는 연애 상대만을 만났다면 딱히
문제가 될 리 없었겠지만 연애라는 게 내 계획대로 움직이는 게 아
닌지라, 섹스할 공간을 찾아 헤맬 일이 종종 생기곤 했다.

　미성년자가 모텔에 들어가는 건 법적으로 금지되어 있었지만
생각보다 어렵지 않았다. 나이보다 '성숙'해 보인다는 소리를 종종
들었고 어려 보이지 않도록 옷을 입거나 화장할 줄 알았기 때문에
어느 정도 '어른 코스프레'가 가능했다. 모텔에 갈 일이 있는 날에
는 집에서 옷을 챙겨 왔다. 학교 수업이 끝난 후 지하철역 화장실에
서 교복을 벗고 집에서 가져온 옷을 갈아입은 다음 최대한 자연스

럽게 화장을 했다. 코스프레 능력이 뛰어난 탓이었는지 모텔 입장
은 거의 매번 성공했다. 가끔 주민등록증을 요구하는 모텔이 있었
는데 그럴 땐 집에 놓고 왔다고 둘러대거나 다른 모텔에 가면 그만
이었다. 세상은 넓고 모텔은 많으니까. 어른이라고 해서 항상 돈이
많은 건 아니었기 때문에, 주머니 사정이 넉넉지 않을 땐 DVD방에
가서 섹스를 하기도 했지만 거기도 미성년자 출입 가능 구역은 아
니었다. 어쨌든 섹스를 하기 위해선 공간이 필요했고 어느 정도의
어른 코스프레와 돈이 필요했다.

　생각해 보면 자취하는 연애 상대와도 충분히 모텔이나 DVD방
에 갈 법한 일들이 있었다. 시도 때도 없이 하고 싶어지는 게 섹스
니까. 길을 가다가도 갑자기 하고 싶어지고 그러는 거니까. 하지만
아무리 독립된 공간이라고 해도 모텔 문을 열고 들어가는 데는 마
음의 '준비'가 더 필요했다. 섹스를 하기 위해 모텔에 드나드는 순
간 본격적으로 '까진' 애가 되어 버릴 것만 같은 왠지 모를 불안감
이 있었다. 모텔에 드나드는 사진이라도 찍히면 어떡해? 누가 볼
수도 있잖아. 그게 엄마 귀에 들어가기라도 하면? 학교에 소문이라
도 나면 어쩌지. 그러나 다행히도 그런 일들은 일어나지 않았다.

　처음 모텔에 드나들기 시작한 건 부모님과 같이 사는 '대학생
오빠'를 만날 때였다. 그와 난 처음 만난 그날부터 섹스를 했는데
첫 만남부터 모텔에 간 건 아니었다. 밥을 먹고 차를 마셨고 특별히
할 게 없어서 같이 노래방에 갔다. 노래를 하던 그가 갑자기 나에게
키스를 했고 난 그의 바지춤으로 손을 넣어 자연스럽게 자지를 만
지작거렸다. 손으로 하다가 입으로도 하고 거의 삽입섹스 직전까지

갔지만 거기서 더 진행할 수는 없었다. 아무래도 노래방은 너무 오픈되어 있으니까.

마침 노래방 옆집이 DVD방이었다. 망설여졌지만 지금 당장 섹스가 너무 하고 싶으니 별 방법이 없었다. 그래, 모텔보다는 낫겠지. 방을 잡고 들어가 무슨 영화였는지 지금은 기억도 나지 않는 영화를 틀어 놓고 그와 난 하의만 반쯤 벗은 채로 섹스를 했다. 아직 어린데 허리놀림이 장난이 아니라는 그의 칭찬에 뭔가 미묘한 기분이 들었지만 깊게 생각할 겨를이 없었다. 그의 말은 사실 칭찬이라기보다 '어린데 섹스 좀 많이 해 봤나 보네'에 가까웠다. 하지만 섹스가 끝난 뒤에 그 말을 다시 꺼내서 물어보는 것은 꼬투리를 잡는 것처럼 보일까 봐 그냥 넘어갔다.

일단 한번 섹스를 하고 나니 만날 때마다 섹스를 하고 싶어졌다. 부모님과 함께 사는 그와 섹스를 하려면 DVD방이나 모텔 중에 선택을 해야 했다. 자취방 같은 건 그와 나 사이에 없었다. '조심하면 별일 없을 거야.' 그는 망설이는 내 손목을 잡고 모텔이 많은 서초동 골목으로 갔다.

섹스 후에 냉장고에서 자연스럽게 음료를 꺼내 먹는 그를 보며 모텔은 생각보다 좋은 곳이구나 하고 생각했다. 음료수도 종류별로 있었고, 텔레비전을 같이 볼 수도 있었다. 옷도 제대로 못 벗은 채로 좁은 DVD방에서 섹스를 하는 것도 자극적이었지만 여유로운 모텔 방에서 살을 맞대는 일도 즐거웠다. 욕조가 있는 곳에서는 거품목욕을 함께 할 수도 있었다. 모텔 방에도 여러 가지 종류가 있다는 것과 모텔도 여관급에서 준호텔급까지 다양하다는 것을 알아 가는 데에도 그리 오랜 시간이 걸리지는 않았다. 매번 '어른 코스프레'를 해야 입장할 수 있다는 점이 번거롭긴 했으나 섹스를 할 수만 있다면 그 정도 귀찮음이야 충분히 감수할 수 있었다.

하지만 모텔이나 DVD방도 시간이 있어야 누릴 수 있는 사치였다. 모텔에 갈 만큼의 시간적 여유를 내기란 쉽지 않았다. 동아리 일이 있어서 학교가 늦게 끝난다고 엄마에게 거짓말을 둘러대는 것도 한두 번이었다. 조퇴를 하고 학교를 빠져나오는 것도 쉽지만은 않았다. 오늘은 머리가 아팠고, 내일은 배가 아파야 했다. 어찌됐건 섹스를 해야 되니까 거짓말은 선택이 아니라 필수였다. 상상력을 발휘해야만 했다. 겨우 짬이 나더라도 모텔에 가기엔 너무 촉박한 경우가 많았다. 모텔까지 가서 돈을 내고 대실까지 했는데 15분 만에 나오는 건 왠지 아까운 일이었다. 최소한의 시간으로 최대의 효과를 낼 수 있는 장소들을 찾기 위해 머리를 굴리고 굴려야했다.

비가 세차게 오던 날 늦은 저녁이었다. 교지 편집부였던 나에겐 편집실 열쇠가 있었는데 마침 편집 기간이 아니었다. 누군가 들어오지만 않으면 섹스하기엔 최적의 장소였다. 늦은 저녁이었고 학교엔 학생들이 거의 남아 있지 않았다. 스타킹을 신을 계절도 아니었기에 교복 치마 아래로 팬티를 벗어 가방 안에 넣어 두었다. 편집실에는 기다란 책상이 두세 개 놓여 있었다. 딱딱한 침대라고 생각하면 되지 뭐. 책상 위로 올라가서 급하게 섹스를 하고 있는데 아무래도 등도 아프고 불편했다. 그래도 어쩔 수 없었다. 섹스는 하고 싶으니까. 이만한 방만 있어도 매번 어디서 섹스해야 할지 걱정하지 않을 수 있을 텐데. 스물네 시간 중 엄마한테 보고하지 않고

도 쓸 수 있는 시간이 한 시간만 있어도 이렇게 내 섹스가 팍팍하
진 않았을 텐데. 딱딱한 책상에 계속 부딪히는 그의 무릎도 점점 한
계에 도달하고 있었다. 그 와중에 어떻게 하면 좀 더 편하게 섹스
할 수 있을까, 뒤로도 해 보고 서서도 해 봤다. 책상에 기대서 뒤로
하면 각도가 맞지 않아서 힘들었고 편집실 문에 작게 난 창문도 거
슬렸다. 이 시간에 누가 여기까지 오지는 않겠지. 섹스가 대체 뭐라
고. 아, 인생이여. 섹스를 마치고 밖으로 나왔는데 정말 비가 많이
왔다. 걸을 때마다 첨벙거리는 느낌이 들었다. 한참 뒤에 온 버스에
올라타 다리에 묻은 비를 닦으며, 급하게 섹스를 하고 첨벙거리며
집에 가지 않아도 되는 날이 왔으면 좋겠다고 생각했다.

차가 있는 '직장인 아저씨'와 만날 때는 차에서 섹스한 적도 여
러 번 있었다. 대로변에 차를 잠시 주차하고 뒷좌석에 그가 앉으면
내가 그 위에 올라탔다. 차라는 공간의 특성상 커다란 앞 유리창이
거슬려 마음껏 움직일 수는 없었지만, 뜨거워진 보지를 식히는 데
에는 그만한 장소가 없었다. 살다 보니 잠깐 넣었다 빼는 것만으로
급한 불이 꺼지기도 했다. 물론 시간이 충분했을 땐 잠시 '넣었다
빼는 것'만으로 그치지 않았지만 말이다. '직장인 아저씨'는 내 학원
시간에 맞춰 종종 학원에 데려다주었다. 학원 가기 바로 직전 차를
대로변에 세우고 그와 난 잠깐 '넣었다 빼기'를 하곤 했다. 정말 절
실한 섹스였다. 그나마 차가 있는 '직장인 아저씨'와 만나고 있었으
니 가능한 일이었다.

인적이 드문 건물 공중화장실 맨 끝 칸에 몰래 들어가 변기에
기대어 섹스를 한 적도 여러 번 있었다. 누군가에겐 섹스 판타지가

될 수도 있는 장소지만, 공중화장실 섹스가 현실이 되어 버리면 서러워지는 법이다. 그에 비하면 차에서 하는 섹스란 '금상첨화'였다. 하지만 가끔 하는 카섹스라면 모를까, 매번 시간에 쫓겨 카섹스만 하고 있으면 여유롭게 침대에 누워서 섹스를 하고 싶어지기 마련이었다. 지금 생각해 보면 시간에 쫓겨 카섹스만 하던 그 순간순간들이 '추억'이 되는 것 같기도 하다만.

섹스를 하기 위한 '현실적' 공간을 찾아 헤매는 경우도 있었지만 그 정도의 시간이 여의치 않을 때도 있었다. 공중화장실에서 하든 학교에서 하든 어찌됐건 조금이라도 시간적 여유가 필요했다. 잠깐의 시간이라도 있어야 '넣었다 빼기'라도 가능한 법이었다. 밤에 집 밖을 마음대로 배회할 수 있었다면 어떻게 잠시간이라도 쪼개서 섹스를 했을 텐데 그건 꿈도 못 꿀 일이었다. 우리 엄마 성격에 밤늦게 노니는 10대 소녀란 '불량' 그 자체였으니까.

그 시기의 내가 '특별히' 성욕이 폭발하던 소녀였는지, 그래서 그토록 어디서든 섹스하려고 안달이 났던 건지는 잘 모르겠다. 다만 그 시기의 내가 용감했던 것 같긴 하다. 나의 욕망은 상상력이 되어 사람이 없는 빈 공간을 전부 섹스하기 위한 장소로 만들었다. 카페 한 구석도, 공중화장실도, 학교도, 건물 복도도, 차도 나에겐 전부 섹스할 수 있는 곳으로 보였다. 그곳이 잠시라도 비어 있는 공간이라면 섹스를 하지 못할 이유란 없었다. 하고 싶었으니까. 다른 특별한 이유는 없었다. 10대 시절 나에게 섹스하기 위한 공간과 시간이 충분히 주어졌다면 그만큼 용감하거나 절실하지 않았을지도 모르겠다.

내가 만약 어른이 아니라 내 또래 아이와 만났다면, 더 절실하고 불안한 섹스를 해야 했을 거다. 그나마 어른과 섹스를 했기 때문에 상황이 나았던 거라고 생각한다. 둘 다 미성년자였다면 DVD방에 들어가기도 쉽지 않았을 테니, 좁은 노래방 의자에 누워 섹스를 했겠지. 모텔 대실비가 있어도 둘 다 어른 코스프레를 해야 겨우 들어갈 수 있었을 테니 더 불안하고 힘겹게 섹스를 해야 됐겠지. 흔히들 성욕을 인간의 3대 기본 욕구 중 하나로 꼽는다. 나머지 두 개는 식욕과 수면욕이라고 한다. 세 가지 욕구 중 특정 나이 이상만이 누릴 수 있는 건 성욕뿐이다. 식욕과 수면욕에는 나이 제한이 없다. 살기 위해서 필요한 기본 욕구라면서 나이 제한이 있다니 뭔가 이상하다. 미성년자는 인간이 아니라는 말인가. '미성년자'에게 섹스는 기본 욕구가 아니라 사치이자 쓸모없는 욕망이다. '요즘' 10대들은 어떻게 섹스를 하는지 궁금해서 섹스를 하고 있다는 10대 소녀를 만난 적이 있다. 그녀는 비싼 모텔 대실비도 너무 부담스럽고, 미성년자 출입이 가능한 소위 '뚫리는' 모텔을 찾아다니다 보면 섹스도 하기 전에 힘이 빠진다는 말을 했다. 집에서 섹스를 할 수 있다면 좋겠지만, 남자친구와 방에 같이 있는 것만으로도 의심을 받기 때문에 편하게 데려갈 수가 없다고도 했다. 내가 10대 소녀이던 시절과 별반 다를 게 없었다.

고등학교 때 화장실 앞에 붙어 있던 건전한 청소년을 위한 캠페인 포스터가 어렴풋이 떠오른다. 포스터에는 과도한 성욕은 운동으로 건강하게 해결하라는 문구가 써져 있었다. 살아 보니 어찌 그렇던가. 운동은 운동이고 성욕은 성욕이다. 몸이 힘들면 섹스에 대한 욕구가 줄어들기도 하지만, 때로 몸이 너무 힘들면 섹스로 스트레스를 풀고 싶다는 생각이 들기도 한다. 현대사회에서 자신의 욕구를 제대로 조절할 줄 모르는 인간은 문제가 있다고 취급받는다. 밥을 많이 먹어서 살이 찌면 자기 관리를 못한다고 사회적으로 구박을 받고, 잠을 많이 자면 그래 가지고 어떻게 성공하겠냐며 게으르다는 말을 듣는다. 왜 살기 위한 몸부림이 문제가 되는가. 이런 욕망의 분출은 오히려 건강하다고 생각한다. 남한테 피해를 주는 건 아니니까. 문제가 있는 건 자신의 욕망을 무조건 옳다고 믿으며 다른 이들에게 강요하는 사람들이다. 약자는 강자에게 절대 살을 빼라고 하거나 게으르다는 말을 할 수 없다. 상대방의 욕망을 쥐고 흔들며 '네가 얼마나 스스로 잘 조절할 수 있는지 보겠어'라며 뒷짐 지고 서서 자신의 권력을 과시하는 건 강자들이다. 10대들의 섹스를 대하는 '어른'들의 태도도 이와 다르지 않다. 섹스를 하고 싶어 하는 10대들을 멀찌감치 서서 구경하며 어떻게든 욕망을 참으라고 강요한다. 그리고 그 욕망을 참지 못한 10대들에게는 가차 없이 매를 든다. 고등학교 때 사귀던 같은 반 아이 둘이 빈 교실에서 키스를 하다가 선생님에게 발각되어 정학을 당한 적이 있었다. 지금도 학교 내 '이성교제'를 금지하는 학교들이 있다고 들었다. 10대들이 법적인 성인이 될 때까지 거세된 채로 살길 바라는 건 나이라는 권력을 가진 어른들이 휘두르는 부질없는 욕심이다. 그것이 바로 '과욕'이자 '탐욕'이다.

손으로
섹스해 봐

"혹시 너 여자랑 해 봤어?"

모텔 창문을 열고 담배 한 대를 피우며 그가 물었다. 무슨 소리냐고 묻자, 여고생들은 친한 '여자' 친구랑 서로 키스 연습도 하고 섹스도 한다고 들었단다. 너라면 왠지 여자랑 해 봤을 것 같다며, 여자랑 하는 거랑 남자랑 하는 것 중에 뭐가 더 좋은지 물었다. 어이없는 표정을 짓는 내게 그는 한술 더 떠 이렇게 말했다.

"그래도 남자랑 하는 게 더 좋지?"

잠깐 내 친구 관계를 돌아봤다. 섹스를 할 만한 상대는 도통 떠오르지 않았다. 게다가 여자랑은 키스는커녕 뽀뽀도 한 번 해 본 적 없는데 섹스라니. 여자랑은 아직 해 본 적 없다고 대답하자, 굳이 숨기지 않아도 된단다. 진짜 해 본 적 없다니까!

"너라면 여자랑 해 봤을 줄 알았는데 실망이네."

내가 섹스를 안 해 봤다는데 실망을 왜 하는 거지? 나야말로 아쉽다고. 내 마음에 드는 섹스를 할 수 있을 것 같은 여자, 아직 못 만나서 나야말로 답답하거든? 그는 그 뒤로도 틈만 나면 내 눈치를 보며 물었다.

"진짜 여자랑 안 해 봤어? 거짓말 치지 말고 말해 줘. 진짜 괜찮다니까. 응?"

그의 판타지를 충족시켜 주려고 여자랑 일부러 섹스라도 해야 할 판이었다. 그는 끊임없이 '여자'와 해 봤는지 물었고 나는 짜증이 났다. 내가 유난히 따르던 언니의 이름을 섹스할 때마다 언급하며, 그 언니와 섹스하면 어떨 것 같은지에 대해 물었다. 아 몰라, 모른다고. 그 언니 이름 말하지 말라고. 그리고 내가 '여자'랑 섹스해도 그 언니는 아니라고. 그 언니는 내 타입 아니라고. 그럼 마음에 드는 여자 생기면 꾀어 오란다. 셋이서 하면 좋을 거 같다고. '무슨 소리야. 내 마음에 드는 언니가 생기면 그 언니랑 섹스하지, 왜 너랑 섹스를 하겠어? 참, 꿈도 야무지지. 내가 여자랑 섹스를 해 봤다고 치자. 내 귀한 경험을 남자와의 섹스를 위한 연습 정도로만 생각할 너한테 내가 왜 그 말을 하겠니?' 목구멍까지 하고 싶은 말이 차올랐지만 차마 하지 못했다.

그는 레즈비언 섹스를 하는 여고생에 대한 판타지를 가지고 있었다. 그러나 그의 말을 되새겨 보면 오로지 판타지를 가지고 있었을 뿐 '정식' 섹스로는 절대 인정하지 않았던 것이 분명하다.

"여자 둘이 뭘 해 봤자, 얼마나 하겠어? 그래 봤자 남자 흉내내기지."

손으로 섹스해 봐

"레즈비언들은 딜도 많이 쓴다며? 그럴 거면 왜 여자랑 해? 진짜가 있는데?"

교복 입은 '풋풋한' 여고생이 본격적으로 '남자'를 만나기 전 행하는 일종의 연습. '남자'에 대한 강한 열망이 가져다 준 금지된 섹스. 언제까지나 '연습'에 불과한. 남자와 '진짜' 섹스를 하게 되는 순간 잊힐. 혹은 한때의 추억이 되어 버릴.

나의 첫 파트너섹스의 상대는 사귀던 대학생 '오빠'였다. 그러니까 생물학적 남성. 고민할 필요도 없이, 그렇게 됐다. '생물학적 여성'은 나와 섹스가 가능한 대상이 아니었다. 내가 여자와 섹스를 할 수 있을 거란 생각은 하지 못했다. 물론 내게도 가슴 두근거리게 하는 여자들이 분명 있었다. 중학교 때 한 학년 아래 키가 나보다 10센티미터는 더 컸던, 짧은 머리가 잘 어울리던 아이와 매주 한두 번씩 일기를 교환한 적이 있었다. 교환 일기를 가져다주러 그 아이의 반 앞에 가서 기다릴 때마다 난 왠지 가슴 설레었다. 피부가 하얗고 차가운 인상의 옆 반 아이 사진을 몰래 찍어 간직하기도 했었다. 매일 아침 학교 가는 지하철에서 머리가 짧은 언니와 마주치며 두근거렸던 일도 있었다. 전부 아직까지도 기억에 남는 일들이다.

그저 내가 '여자'와 섹스를 할 수 있을 거라 생각하지 못했을 뿐이다. 여자끼리 어떻게 섹스를 하는지 누구도 알려 주지 않았다. 그에 비해 남자와의 섹스는 쉬웠다. 상상도 쉬웠다. 자지를 보지에 넣으면 끝. 얼마나 쉬운가? 물론 이게 끝은 아니지만 그래도 남자와의 섹스를 생각하면 가장 먼저 자지를 보지에 넣는 장면이 떠올랐다. 직접적인 '성기 결합'을 하기 전까지는 뭔가 덜한 것 같은 느낌을 받기도 했다. 아무리 격렬하게 물고 빨고 난리를 쳐도, 한 단계 더 남아 있는 것과 같은 기분은 쉽게 지울 수 없었다. 삽입섹스가 섹스의 전부가 아니라는 점을 머리로는 충분히 알고 있었지만, 내 섹스에서 삽입섹스를 쉽게 버릴 수가 없었다. 어떤 남자들은 자지를 보지에 넣는 것 이외에는 별다른 일을 하지 않으려 했고, 나 또한, 괜히 잘하지도 못하면서 손으로 껄떡거리는 것보다 빨리 넣고 움직이는 걸 원하기도 했다. 내가 여자와의 섹스를 쉽게 떠올리지 못했던 건 아마 그래서 그랬을지도 모른다.

처음으로 섹스를 했던 대학생 '오빠'는 팬티 안으로 손을 집어넣어 굽실굽실한 내 털들을 조심스럽게 만지면서 나에게 물었다. "어디에 넣어야 돼?" 난 구멍을 못 찾고 한없이 허우적대는 오빠의 손을 보지 입구로 친절하게 안내했다. 그래, 거기라고. 오빠의 손가락은 촉촉하게 젖은 내 보지 안으로 스르륵 들어왔다. 그게 끝이었다. 그 다음은 없었다. 오빠의 손은 아무것도 하지 않았다. 앞뒤로 움직이지도 않았고, 회전하지도 않았다. 클리토리스를 만지지도 않았다. 손가락 하나 정도 더 넣어 볼 수도 있을 텐데 시도도 하지 않았다. 자지를 넣고 난 뒤부터는 굳이 손가락으로 섹스를 하지 않았다. 다른 남자들도 마찬가지였다. 손으로 섹스를 할 줄 아는 남자는 없었다. 나도 손에 어떤 기대를 하지 않았다. 솔직히 '손으로 해 봤자 뭘 하겠어'라는 생각이 컸다. 그렇게 기대를 완전히 접어 가고 있을 때, 드디어 손으로 섹스할 줄 아는 남자를 만났다. 손으로 섹스가 가능하다는 사실을 알아 버렸을 때의 황홀감은 아직도 잊을 수 없다. 솔직히 말해서 손이 더 좋았다. 문제는 그가 '생색'을 냈다는 데 있었다.

"너 손으로 하면 얼마나 힘든 줄 알아? 손으로 하는 거 진짜 팔빠질 거 같아. 너 이렇게 빠른 것만 밝히면 어떡해. 어떤 남자가 허리를 이렇게 빨리 움직일 수 있겠어."

그래, 그렇게 팔 빨리 움직이는 거 힘들 것 같긴 하다만, 이렇게까지 생색낼 건 없잖아. 근데 정말 그렇게 힘든가? 내가 뭘 해 봤어야 알지. 그래도 내가 좋아하는 거 보면 흥분되지 않아? 흥분되면 힘든 것도 모르고 뭐 그런 거 아닌가.

"내 손에 무슨 성감대가 있는 것도 아니고. 그냥 너 좋아하니까 하는 거지. 너 좋아하는 거 보면 조금 흥분되긴 하지만. 솔직히 말해서 정말 힘들어. 진짜 팔 빠질 거 같아." 이렇게 힘들어하는 그의 모습을 보니, 왠지 미안한 마음이 들었다. 알았어. 손으로 하자고 안 할게. 둘 다 좋으라고 섹스하는 건데 힘들기만 하면 안 되지. 어떠한 정서적 교감도 없이 내 보지 밑에서 규칙적으로 열심히 움직이는 그의 손은 그다지 로맨틱하지 않았기 때문에 나도 더 이상 손으로 해 달라고 말하지 않았다.

그리고 그 뒤로 만났던 남자들은 이전과 같이 '손끝에 고민이 전혀 없는 남자'들이었다. 클리토리스를 문지르는 손에도, 보지를 비집고 들어오는 손가락에도 고민의 흔적은 전혀 보이지 않았다. 내가 만났던 남자들은 두 가지 부류로 나뉘었다. '손끝에 고민이 없는 남자'와 '손으로 섹스를 할 줄 알지만 생색내는 남자'.

손으로 섹스할 줄 알았던 그 남자가 '손으로' 섹스할 때마다 힘들다며 생색을 냈을 때 나는 정말 그런 줄로만 알았다. 정말 그렇게

3 장 ─ 언제 처음 해 봤어?

팔이 빠질 것처럼 힘든 줄로만 알았다. 여자와 섹스를 하게 되면 나는 '생색내는 여자'가 되거나 '손끝에 고민이 없는 여자'가 될지도 모르겠다는 생각도 했다. 아니, '여자'와의 섹스를 상상하지 못했다. 정서적 교감 전혀 없이 의무적으로 손을 움직이던 그의 모습이 내 손가락 섹스 경험의 전부였기 때문에, 다른 종류의 상상은 하기 힘들었다. 나는 내가 '자지성애자'라 철석 같이 믿고 살았다. 다른 상상을 할 수가 없었으니 그렇게 믿고 사는 게 유일했고 속 편했다.

"나는 자지가 너무 좋아서 여자랑은 아마 섹스 못 할 것 같아." 레즈비언 친구에게 이 말을 아무렇지도 않게 고민 없이 내뱉었을 때 그 친구가 지었던 표정은 아직도 잊을 수 없다. 당시 나는 무슨 '근자감근거 없는 자신감'으로 스스로 철석 같이 '자지성애자'라 믿었을까. 왜, 나는 그토록 성기 결합 섹스에 집착했을까. 생각해 보면 성기 결합 섹스는 내게 불안감과 불편함을 안겨 줄 때가 더 많았다. 임신하지는 않았을까, 매번 그 다음 생리 날짜까지 불안에 떨어야 했다. 몸이 안 좋은 날은 성기 결합 섹스가 아니라 부드럽게 손으로 보지를 만져 줬으면 했지만, 이기적으로 보일까 봐 쉽게 말하지 못했다. 물론 나는 주체적인 섹스와 관계를 원하는 여성이었지만, 실제 연애관계에서는 그가 기분 나빠할지도 모른다는 생각에 눈치만 본 적도 많았다. 아파도 아프다고 말하지 못한 적도 있었다. 생각해 보면 나는 자지를 좋아한다고 믿고 있었는지도 모르겠다. 여자와의 섹스를 떠올릴 수 없었으니, 섹스를 하고 싶은 여자가 생길 리 없었고, 남자와 만나고 섹스를 해야 하니 자지를 싫어할 수도, 싫어해서도 안 됐다.

누구와 섹스를 했는지의 여부가 성적 지향성을 결정해 주는 것은 아니다. 남성과의 섹스 경험이 있는 레즈비언이 있을 수도 있고, 여성과의 섹스 경험이 있는 이성애자 여성이 있을 수도 있다. 섹스 경험이나 연애 경험이 없어도 많은 이들은 자신의 정체성을 이성애자라고 말한다. 그럼에도 레즈비언 섹스 경험을 한 후와 하기 전은 너무나 다르다고 누군가 말했었다. 그때 난 그 말을 받아들이지 않았다. 반드시 섹스를 해야만 자신의 정체성을 알 수 있다는 말이나 섹스를 해 본 후에야 자신의 욕망을 제대로 마주할 수 있다는 말에 동의하고 싶지 않았다. 하지만 지금은 충분히 이해할 수 있다. 분명히 여자와의 섹스 후에 난 달라졌다. 여자 둘이서 손과 입으로 그렇게 다양한 섹스를 할 수 있다는 것을 그 전엔 상상조차 하지 못했다. 그러나 지금은 내가 상상하지 못했던 그 너머의 섹스를 상상할 수 있게 됐다. 내 안에 이런 뜨거운 욕망이 있었다는 걸 모르고 살았다니. 그렇게 흘려 보낸 세월들이 아쉬웠다.

왜 내 첫 파트너 섹스 상대는 남자였을까? 왜 나는 12년 동안 남자와만 섹스를 하며 살았을까? 어쩌다 그랬을까? 왜 나는 자위를 할 때마다 당연한 듯 남자를 떠올렸을까? 만약 내 첫 파트너섹스의 상대가 여자였다면 어땠을까? 그랬다면 난 여자들과 섹스를 하고 살았을지도 모른다. 나는 '남자'를 사랑해야만 한다고 '남자'와만 섹스를 해야 한다고 세뇌당하며 살았다. 쉽게 다른 선택지를 생각할 수 없을 만큼 강하게.

내가 다른 '여자'의 보지에 손을 넣고 움직이는 것이 그토록 흥분되는 일이라는 것을, 하기 전에는 전혀 알지 못했다. 레즈비언 섹스 경험을 하기 전과 하고 난 후는 정말 달랐다. 손으로 섹스를 할 때 다양한 체위가 가능하다는 것도 전혀 알지 못했었다. 내가 그녀의 보지에 손가락을 넣고 손끝을 살짝살짝 움직일 때마다 그녀가 움찔거렸다. 촉촉하게 젖어 있는 미끈한 보지를 만지면 마치 그녀와 섹스하기 위해 세상에 태어난 것 같은 느낌을 받았다. 그녀의 배 위에 내 보지를 붙이고 그녀의 보지에 손을 넣어 움직이면 흥분한 그녀의 얼굴을 더 자세히 볼 수 있었다. 그녀의 다리를 내 어깨에 걸치고 손가락을 보지에 넣어 움직이면 더 깊이 느껴졌다. 엎드린 그녀의 보지에 손을 넣어 움직이며 가슴을 만지는 것도 흥분 그 자체였다. 내가 그녀에게 해 주고 나면 그녀도 내게 내가 한 것처럼 해 주었다.

이렇게 '여자'와 다양한 방법으로 섹스를 할 수 있다는 것을, 손으로 섹스를 하는 것이 이토록 즐거운 일이라는 것을, 내 안에 이토록 강한 욕망이 있다는 것을, 하기 전에는 정말 몰랐다. '손으로 섹스할 줄 알던 그'의 말과는 전혀 달랐다. 팔이 빠질 것 같지도 않았고, 힘들지만도 않았다. 내가 보지 안에서 손가락을 움직일 때 흥분한 그녀의 얼굴을 보는 것만으로도 난 오르가슴을 느꼈다. 그녀의 손가락이 내 보지를 만질 때 난 '고민한 손끝'을 느낀다. 내가 어떻게 하면 좋아할지 고민한 흔적이 보이는 손의 움직임.

어쩌면 그 '남자'들은 상상할 수 없어서, 아니, 상상할 필요가 없어서 고민하지 않았는지도 모른다. 유사 성행위라는 말이 있다. 성기 삽입과 비슷한 효과를 주지만 직접적인 성기 삽입은 아닌 성행위를 지칭하는 말이다. 지금은 폐지된 간통법도 '성기 삽입'의 증거가 없으면 유효하지 않았다. 성기 삽입이 아니면 '진짜 섹스'가 아니라고 말하는 사회에서 상상력을 꽃피우기란 어렵다. 자지를 보지에 넣는 것은 쉽고 단순하다. 그 외의 행동들은 자지를 보지에 더 잘 넣기 위한 노력 정도로 취급될 뿐이다. 그러니 손끝에 고민한 흔적이 보일 리가 없다. 굳이 고민할 필요가 있겠나. 중요한 건 '사지'인데. 손으로 굳이 섹스를 하지 않아도 되니 손으로 하는 섹스를 상상하기란 쉽지 않다. 우리 몸에 손만큼 예민하고 섬세하게 섹스할 수 있는 부위가 또 없는데 말이다. '여자'와 섹스를 하기 전 나는 자위할 때마다 '자지'가 내 몸에 들어오고 그가 격렬하게 허리를 움직이는 상상을 주로 했다. '여자'와 섹스를 한 뒤 나는 자위할 때마다 '여자'와의 섹스를 떠올린다. 그녀의 몸을 만지고 허벅지까지 흘러내릴 만큼 흥건하게 젖은 보지에 손을 집어넣어 움직이고 그녀가 몸을 떠는 장면을 상상한다. 내게 '여자'와 해 봤는지 집요하게 물었던 그가 내게 했던 말이 생각난다.

"하긴 넌 그래 봤자, 남자한테 돌아올 걸? 이렇게 '남자'랑 섹스하기 좋아하는 너 같은 애가 '여자'로 만족이나 하겠어?"

그가 '여자'와 만나고 '여자'와 섹스하며 만족하는 지금의 나를 본다면 뭐라고 말할지 궁금하다. 아마 쉽게 인정하지는 않을 것 같다.

대체
섹스가
뭔데?

아무도 몰랐다. 내가 섹스를 해 본 적이 있다는, 섹스를 하고 있다
는 사실에 대해서. 엄마도, 아빠도 몰랐고 친한 친구도 몰랐고 심지
어 나도 몰랐다. "혹시 너 그 오빠랑 잔 거 아냐?" 라고 누군가 은
근슬쩍 떠보듯 물었을 때 나는 고개를 좌우로 힘차게 흔들었다. 나
는 섹스를 하지 않은 아이였다. 해 본 적 없는, 해서도 안 되는 그런
'아이'였다.

　'섹스를 하는 나'와 '섹스를 하지 않는 나'는 서로 모르는 사이
였다. 성교육 시간에 남다른 지식을 뽐냈다가 같은 반 어떤 아이에
게서 "혹시 궁금해서 물어보는 건데, 너 혹시, 섹스, 아, 아니 왜 그
런 거 있잖아, 말하려니 부끄럽네. 그런 거 하고 다니는 거 아니지?
내가 보기엔 너 그런 애 아닌 거 같은데 애들 사이에서 그런 말이
돌아서 물어봤어"라는 말을 들은 뒤로는 더 몰라야 했다.

사귀던 '오빠'는 갓 대학에 입학한 새내기였다. 섹스를 하자고 먼저 덤빈 건 나였다. 키스하자고 조른 것도, 내 보지에 손 좀 집어넣어 보라고 조른 것도, 입으로 자지를 한번만 빨아 보면 안 되겠느냐 조른 것도 나였다. 섹스하기 전 걸렸던 유일한 요소는 '처녀성'도 '피임'도 아닌 내 두꺼운 허벅지였는데 그건 상대방 앞에서 옷 몇 번 훌훌 벗고 나니 별거 아닌 게 되어 버렸다. 본격적으로 삽입 섹스를 하고 나니 왠지 훌쩍 커 버린 기분이었다. 또래의 다른 '아이'들과는 다른 뭔가 특별한 경험을 가진 사람이 되어 버린 것만 같은 느낌이었다. 그와의 관계는 그와 나만 아는 일이었다. 자취를 하던 그의 집은 방 두 개에 거실이 있는 구조였는데 놀러온 그의 친구가 거실에서 게임을 하고 있는데도 나는 그에게 섹스를 하자고 졸라댔다. 그야말로 '까진' 중학생이었다. 얼마 후 그는 군대에 갔고, 나는 또 얼마 후 그와 헤어지고 또 다른 대학생 '오빠'를 만나기 시작했다. 물론 섹스도 했다. 대학생 '오빠'와 헤어진 뒤에는, 직장인 '오빠'를 만나기도 하고 나이 차이가 꽤 나는 '아저씨'를 만나기도 했다. 물론 섹스도 꾸준히 했다.

학교에서 가끔 '누가 섹스를 하고 다닌다더라, 노래방에서 했다던데' 혹은 '8반에 걔 있잖아. 머리 길고 예쁘장한 애. 걔가 낙태를 했대' 이런 소문들이 들릴 때마다 철저히 모르는 척했다. 나는 모르는 일이었고, 나와는 상관없는 일이었다. 그런 이야기를 들으며 나는 속으로 비웃었다. '멍청하네. 피임도 제대로 안 하고. 아니 섹스를 할 거면 조용히 하든지, 소문 다 나는 동안 뭐하고 다녔대.' 그리고 또 속으로 생각했다. '나도 조심해야지.' 아무도 몰랐고 몰라

189
대체
섹스가
뭔데?

야만 했다. 내가 섹스를 한다는 사실은.

　내 사랑은 백지처럼 순수해야만 했다. 섹스 같은 건 순수하지 못하다는 생각이 들었다. 나보다 나이 많은 어른과 만나는 이유가 섹스로 변질되어서는 안 됐다. 어른과 만나고 섹스를 하는 내 모습이 '까진' 10대 소녀로 보이는 것도 원치 않았고, 어른에게 섹스 때문에 이용당하는 10대 소녀로 비춰지는 것도 원하지 않았다. 감추는 것만이, 모르는 척하는 것만이 최고의 해결책일 리는 없었으나, 확실하고 유일한 대책임에는 틀림없었다.

　섹스를 하는 아이들과 나를 분리하는 것은 오래가지 않아 내 안에 분열과 균열을 만들었다. '까진' 10대 소녀로 비춰지는 것도 싫었지만 섹스 때문에 이용당하는 10대로 보이는 것도 싫었고, 섹스를 고귀한 무언가로 취급하며 '성인이 된 이후'로 섹스를 미루는 '촌스런' 아이로 보이고 싶지도 않았으니 분열이 생기지 않을 리 없었다. 나도 또래 아이를 만나서 연애했다면 DVD방이나 노래방에서 섹스했겠지. 나는 왜 항상 이렇게 숨어서 거짓말 치며 섹스를 해야 할까. 내 섹스 고민은 누구와 나눠야 하지? 복잡한 생각들이 머릿속을 휘감았다.

　고등학교 때 다니던 학원 선생님은 야한 이야기를 해 달라는 아이들의 요구에 신혼 첫날밤에 신랑과 자신 둘 다 '첫 섹스'라 보지 구멍이 어디 있는지 못 찾아서 몇 시간을 헤맸다는 이야기를 자랑스럽게 풀어 놓았다. 그리고 한마디 덧붙였다.

　"난 우리 신랑 거밖에 몰라."

　아마 자신이 '혼전순결'을 지켰다는 것을, 결혼 전 섹스에 대해

무지했다는 것을 자랑하고 싶으셨던 것 같다. 하지만 자기 몸 어디에 무엇이 달렸는지도 모른다는 게 어떻게 자랑거리가 될 수 있는지 도무지 이해가 되지 않았다.

중학교 때 사귀던 '오빠'와 키스를 했다는 사실이 전교생에게 퍼졌을 때, 같은 반 친구 한 명이 내게 이런 말을 한 적이 있다.

"괜찮아. 그래도 너 섹스한 건 아니잖아. 섹스라도 하고 헤어졌으면 몰라도 뭐 요즘 세상에 키스 가지고 웃기지 않냐? 진짜 섹스는 나중에 진짜 사랑하는 사람이랑, 그러니까 결혼할 사람이랑 하면 되지 뭐."

친구는 분명 나를 위로할 마음으로 이런 이야기를 했겠지만 난 왠지 석연치 않았다. 키스랑 섹스가 뭐가 다르지? 교실 문을 잠가 놓고 교복 위로 서로의 몸을 더듬으며 목덜미와 귀를 서로의 입으로 핥고 침 범벅을 만들어 놓았던 그 시간들은 섹스가 아닌가? 꼭 자지를 보지에 넣어야지 섹스인가? 게다가 진짜 사랑하는 결혼할 사람이랑 해야 한다니, 내가 감당하기엔 너무 무거운 이야기였다. 내가 왜 내 몸 가지고 섹스하는데 눈치를 봐야 돼? 정말 모르겠네. 섹스를 섹스라 부르지 못하던 나의 10대는 눈물 없이 들을 수 없는 자아분열의 시절이었다.

어느새 자아분열의 시절이 지나고 나는 '어른'이 되었다. 모텔에도 당당히 들어갈 수 있었고, 술도 마실 수 있게 되었으며, '야한' 영화도 마음대로 볼 수 있었다. 섹스를 할 수 있는 나이라니 정말 멋지구나. 그러나 어른이 되어서도 내가 10대 때도 섹스를 하던 아이라는 것을 밝히는 건 왠지 쉽지가 않았다. 섹스를 무척이나 밝히던 남자도 언제 처음 파트너와 섹스해 봤냐는 내 질문에, 그래도 미성년자였던 나이는 지나고 했다며, 술 담배는 모를까 그 나이 때 섹스하는 건 정말 막장 아니냐고 말했다. 그래도 자위는 했을 거 아냐? 그럼 자위는 했지. 자위는 섹스 아니야? 자위랑 섹스랑 어떻게 같아? 자위만 했으면 아직 순결한 상태잖아. 순결이라. 우주와 같이 멀고 아득한 단어였다. 아, 순결, 고귀한 이름이여.

잘되어 가던 남자에게 섹스해 본 경험이 있다는 말을 했다가 "그런 앤 줄 몰랐다"라는 이야기를 들은 적이 있다. 그가 말했던 '그런 애'의 의미는 파트너와 삽입섹스를 해 본 상태를 말하는 것이었을까. 어디까지가 그가 말했던 '그런 애'였을까. 야설까지만 읽고 보지에 손가락을 넣지 않았다면 '그런 애'가 아닐까? 손가락 세 개는 좀 그렇지만, 한 개 정도는 괜찮았을까? 어디까지가 섹스고 어디까지가 섹스가 아닐까?

초등학교도 들어가기 전, 그러니까 다섯 살 때쯤이었겠지. 동네 언니와 침대에 누워 딱딱한 장난감을 '보지'에 갖다 대며 놀았던 적이 있다. 아마 장난감 전화기였던 것 같은 기억이 난다. 언니는 커튼을 치고 방을 어둡게 만든 다음 나를 침대에 눕혔다. 그리고 이렇게 하면 기분이 좋아진다면서 장난감 모서리를 내 팬티 위에 가져다 댔다. 야릇한 기분이 들면서 화장실이 가고 싶어졌지만 나쁘지 않았다. 어떻게 보면 그게 내 인생 최초의 섹스에 대한 기억이다. 초등학교에 들어가서도 비슷한 놀이들은 계속되었다.

밖에서 뛰어놀기보다는 방 안에서 노는 걸 더 좋아했던 나는 친구 몇 명과 방에서 인형놀이를 종종 하곤 했다. 인형으로 평범한 역할극이나 상황 놀이를 하다가 지겨워지면 인형 옷을 벗기고 인형 끼리 서로 비비거나 키스를 시키는 '야한 놀이'를 하고 놀았다. '야한 놀이'를 하다 보면 아랫도리가 찌릿한 기분이 들고 화장실에 가고 싶어지기도 했다. 화장실에 가면 팬티에 미끈미끈한 게 묻어나오기도 했는데 그게 흥분했을 때 나오는 '애액'이라는 걸 알게 된건 한참 후의 일이다.

그저 '놀이'였지만 다른 사람한테 들키면 안 된다는 생각이 있었는지 엄마가 들어오면 재빨리 인형 옷을 갈아입히는 척했다. 초등학교 고학년이 돼서는 인형놀이에서 한 단계 더 나아가 서로 '키스 연습'이나 '섹스 연습'을 하며 놀기도 했다. 세 명에서 다섯 명 정도 되는 같은 반 여자 친구들과 부모님이 안 계시는 집에 모여서로 '키스'를 하고 나머지 아이들은 구경을 하며 어느 선을 넘지 않는 한도 내에서 손으로 서로의 몸을 더듬었다.

지금 그때의 기억을 다시 떠올려 보면 이건 '집단 섹스'에 가깝다는 생각도 드는데 그때는 말 그대로 놀이였다. 같이 노는 상대의 성별도, 상대에 대한 내 마음도 전혀 고려할 필요가 없었다. 그건 그냥 놀이였으니까. 그 시간, 그 공간에서 있었던 일은 서로의 마음속에만 존재했다. 밖에 나와서 다시 이야기하는 일은 없었다. 그건 서로에 대한 의리이자 나름의 룰 같은 거였다. 안타깝게도 이렇게 즐겁고 다양한 어릴 때의 섹스 경험들은 '섹스'로 기억되지 않는 것 같다. 나와 같이 놀던 친구들의 기억 속에는 저 놀이들이 어떤 '기억'으로 남아 있을지 궁금하다. 아마 남아 있더라도 섹스로 기억되지는 않을지 모르겠다.

난 분명 파트너섹스를 하기 한참 전부터 섹스에 대한 놀이들을 하고 있었다. 한번 빠져들면 시간 가는 줄 모르는 놀이, 누구에게도 해를 끼치지 않는 완벽한 놀이. 그건 아무리 생각해도 분명히 섹스다. 팬티 안에 손을 넣고 한참 보지를 만지다 잠이 들었던 기억들도, 내 어릴 적 놀이의 기억들도, 전부 섹스나. 손가락을 두 개도 넣어 보고 세 개도 넣어 봤던 기억, 엄마 몰래 밤늦게 '새롬 데이터맨'으로 '천리안'에 접속해 성상담 글로 위장한 야설을 읽으며 상상의 나래를 펼치기도 했던 기억. 그러나 나도 이 기억들을 또 다른 섹스라고 이름 붙인 건 얼마 되지 않았다.

내 이야기를 밖으로 꺼내기 시작하면서 나와 같은 어릴 적 '놀이' 경험을 기억하고 있는 사람들이 적지 않다는 것을 알게 되었다. 다만 일부러 기억하려고 하거나 꺼내 놓지 않을 뿐이었다. 또래 아이들과 하던 구체적인 '놀이'의 경험은 없더라도 어릴 적 바닥에 엎드렸다가 짜릿한 기분을 느낀 경험 정도는 있을 거라 생각한다. 어디서부터 어디까지가 뽀뽀고 어디서부터 어디까지가 키스고 어디서부터 어디까지가 애무고 어디서부터 어디까지가 섹스라고 나누는 건 지구에 있는 어느 생명체에게도 도움이 되지 않는다. 물 흐르듯 내 몸이 어떻게 해야 즐거운지를 느끼고 즐기는 과정이 바로 섹스 아닐까? 놀이를 하건 모험을 하건 말이다. 나누시 않고 즐긴다면 굳이 처음이라 이름 붙이는 일도 생기지 않을 거고 '혼전순결'에 대한 영양가 없는 논쟁도 멈출 것이다.

"그땐 어쩌다 보니 그렇게 된 거지. 다시 그때로 돌아가면 섹스 같은 건 안 할 거야. 순수하지 못하잖아. 정말 그땐 실수였어. 잘 모르고 했던 것 같아."

　나에게 셀 수 없이 많은 섹스 경험들은 한낱 '불장난'으로 치부할 수 없는 중요한 것들인데, 많은 이들은 어른이 됨과 동시에 자신의 경험을 제로로 돌리고 있었다. 그 모든 과정들과 기억들을 '불장난'이라 이름 붙인다면 난 내 인생의 너무 많은 순간들에 대해 후회한다 말해야 한다. 지금의 나를 만든 건 분명 과거다. 과거의 내가 있었기 때문에 지금의 내가 존재한다. 물론 과거에 비해 성장했고, 달라지는 게 있었지만 그것도 모두 과거가 있었기 때문에 가능한 일이었다. 절대 그 경험들은 '불장난'이 아니었다. 만약 다시 그때로 돌아갈 수 있다 해도 난 섹스를 멈추지 않을 거다. 처음 옆집 언니와 침대에 누워서 장난감을 가지고 팬티 위를 문질렀던 그 순간부터 어젯밤 자기 전 바이브레이터로 자위를 했던 순간까지, 이 모두가 나의 소중한 경험이자 자산이다. 섹스가 곧 나의 과거다.

이혼한 후에야
세스의 즐거움을 알았어요

나살자 금실 좋은 부모님을 둔 덕분에 어릴 때부터 원하지 않게 실시간 라이브로 섹스를 듣고 보면서 자랐다. 자식들 눈도 신경 쓰지 않을 만큼 섹스를 즐기셨던 엄마와는 달리, 고통스러운 섹스를 억지로 하며 25년간의 결혼 생활을 보냈다. 남편의 잦은 외도로 힘들었던 결혼 생활을 정리한 뒤, 비로소 섹스의 재미를 알아 가고 있다.

사실 나는요. 엄마 아빠가
짝짓기 하는 것을 봤어요.
엄마 뱃속에 있을 땐데요.
내가 이리 쓰러지고 꺄르르르르
저리 이리 쓰러지고 아이 좋아라.
저리 저리 쓰러지고 꺄르르르르
저리 이리 쓰러지고 아이 좋아라.

퓨어 킴, 〈어〉 중에서

현대기술의 발달로 섹스를 하지 않고도 임신이 가능한 시대가 왔지만, 아직도 많은 사람들은 섹스를 통해 세상에 태어난다. 그러나 섹스를 터부시하는 사회적 분위기상 자연스럽게 섹스를 말하기란 여

전히 쉽지 않다. 섹스로 아이를 낳지만 "나 어떻게 태어났어?"라고
묻는 아이는 많은 부모들을 난감하게 만든다. 크면 자연스럽게 알
게 된다는 말도 있으나 섹스를 정말 자연스럽게 터득하는 사람이
몇이나 될까. 서점에 즐비하게 놓인 부모들을 위한 각종 성교육 책
은 섹스가 결코 자연스럽지 않다는 것을 말해 준다. 배워서 알게 된
다는 것은 자연스러움과는 거리가 멀다.

사자나 토끼는 숨어서 짝짓기를 하지 않는다. 숨어서 짝짓기를
하는 유일한 동물은 어쩌면 지구상에서는 인간이 유일한지도 모른
다. 누군가에게 있는 그대로를 보여 주기에는 부자연스러운 행위.
섹스를 숨어서 하는 사회에서 자식이 부모의 섹스를 직접 눈으로
보게 되는 일이란 흔하지 않은 경험이다. 노래 가사처럼 부모님의
짝짓기를 마음 놓고 감상할 수 있는 건 엄마 뱃속에 있을 때가 유
일하다고 해도 과언이 아니다. 하지만 나살자는 금실 좋은 부모님
을 만난 덕분에 섹스를 듣고 보면서 자랐다. 한밤중에 옷을 홀딱 벗
고 벽에 붙어서 뭔가를 하는 부모님. 이게 바로 나살자가 처음으로
보게 된 타인의 섹스 장면이었다. 나살자의 부모님은 자식들에게도
섹스를 감추지 않았다. 모를 거라고 생각했던 건지, 남의 눈을 신경
쓸 겨를도 없을 만큼 섹스가 좋았던 건지는 아직도 미스터리다.

"내가 아마 여섯 살쯤 됐을 때였을 거예요. 나보다 네 살 어린
남동생이 있었는데 갓난아기였고요. 그때는 엄마, 아버지, 오빠, 나,
언니, 여동생, 남동생이 한방에서 잤거든요. 갓난아기가 밤중에 울
기라도 하면 전부 다 깼죠. 그날도 동생이 밤중에 우는 바람에 잠이
깼어요. 우리가 자다가 화장실 가고 싶을 때를 대비해서 엄마가 항

상 그 5촉 전구를 켜 놓고 주무셨어요. 그 불이 자다가 눈 떴을 때
는 굉장히 눈이 부시거든요. 눈을 떠서 보니까 엄마, 아버지가 옷을
홀랑 벗고 벽에 서서 뭐를 하는 거예요. 애가 시끄럽게 우니까 저뿐
만 아니라 다른 식구들도 다 깼죠. 그런데도 몰랐는지 신경을 안 쓴
건지 한참 계속 하시더라고요. 나중에는 멈추고 엄마가 와서 남동
생을 달랬지만."

한 번이었다면 그러려니 했겠지만 나살자는 그 뒤로도 셀 수
없이 많은 부모님의 섹스를 보면서 자랐다. 두 분은 동네에서도 알
아주는 사이좋은 부부였다. 엄마는 밭에 갈 때마다 옆에 돗자리를
끼고 갔다. 동네 사람들이 콩밭이나 보리밭에서 돗자리를 펴 놓고
섹스하는 부모님을 구경하곤 했었다는 이야기를 어릴 적 같은 동네
에 살던 언니에게서 들었다. 자식들뿐만 아니라 다른 사람들의 시
선도 신경 쓰지 않았던 두 분은 신혼 때도 마찬가지였다. 며느리의
시끄러운 신음소리를 참다못한 나살자의 할머니는, 신혼부부 중간
에 와서 잠을 자기도 했단다.

"아버지가 몸이 약했었는데, 저러다 우리 아들 죽겠다고 할머
니가 엄마를 6개월 동안 친정에 보내기도 했대요. 두 분은 뭔가 잘
맞았던 거 같아요. 우리 엄마, 아버지는 밤에만 많이 한 게 아니라
낮에도 했어요. 나도 낮에 몇 번 봤어요. 언니가 친구들하고 집에
놀러 오면 친구들이 엄마가 내는 소리를 듣고 걱정했대요. 네 엄마
어디 아픈 거 아니냐고. 신음소리 내고 운다고. 그럼 우리 언니는
친구들을 데리고 집에서 멀리 떨어진 곳으로 가서 놀았다고 하더라
고요.

엄마는 섹스를 할 때마다 집이 떠내려갈 정도로 신음소리를 많이 냈고 '철썩 철썩' 찰떡 치는 것 같은 소리도 많이 냈어요. 하다가 엄마가 '시다'는 말도 자주했는데 왜 시다고 했는지는 모르겠어요. 엄마가 했던 '시다'라는 말이 무슨 뜻인지 궁금해요. 내가 어디서 섹스 관련 책을 보니까 절정에 가면 신맛이 나기도 한다던데 그런 게 아닐까 싶기도 하고."

이렇게 사이가 좋은 두 분이었지만 이승에서 두 분의 인연은 그리 길지 않았다. 혈압이 있었던 나살자의 아버지는 마흔일곱의 나이에 갑작스런 뇌경색으로 마비가 왔다. 엄마는 지극정성으로 간호를 했고 다행히 1년 뒤에 아버지는 다시 일도 하실 수 있을 만큼 회복했다. 그렇게 두 분이서 오래오래 행복하게 사셨다면 좋았겠지만 사람 일은 뜻대로 되지 않았다.

"엄마가 계속 그러는 거예요. '네 아버지 내가 죽였다, 네 아버지 내가 죽였다.' 엄마에게 '왜 그런 말을 하시냐, 인명은 재천이라는데 왜 그러시냐'고 하니 엄마는 '아니라고, 네 아버지 내가 죽였다'고 계속 그러시더라고요. 나는 그때 엄마가 아버지에게 일을 많이 시켜서 그랬다는 뜻인 줄 알았었는데 나중에 엄마가 말해 줘서 알았어요. 엄마도 누군가한테 털어놓고 싶으셨나 봐요. 그거를 했다, 그거를 하지 말아야 되는데, 그거를 해서 아버지가 돌아가셨다고. 그날 아버지가 힘들게 일을 하고 오셔서 엄마랑 그걸 하셨나 봐요. 그러다가 너무 흥분하셨는지 혈관이 터진 거죠. 그때는 그 나이에도 그걸 할 수 있다는 생각을 하지 못했어요. 지금 생각하면 그게 지금 내 나이니까 충분히 할 수 있다는 걸 알지만 그땐 몰랐어요.

그거 하다 돌아가시는 걸 복상사라고 하잖아요. 복상사하신 거죠. 아버지는 행복한 순간에 돌아가신 거 아닌가 싶기도 해요."

섹스로 시작해서 섹스로 끝난 짧지만 행복했던 부모님의 결혼 생활과는 달리 나살자는 섹스 때문에 고통스러운 결혼 생활을 했다. 밤낮을 모르고 섹스를 했던 엄마와는 달리 나살자에게 섹스는 괴롭기만 했다. 남편이 싫었던 건 아니었지만 섹스는 너무 아프기만 했고 어떻게든 피하고 싶었다. 엄마는 분명히 좋다고 했는데 왜 아프기만 한지 알 수가 없었다. 주변에 물어볼 만한 사람도 없었기 때문에 혼자서 감당해야만 했고 그래서 더 힘들었다.

"연애를 하다 보면 귀가 시간이 늦어지잖아요. 제가 자취를 했는데 밤 12시 넘어서 집에 갔더니 계단 문이 닫혔더라고요 감히 처녀가 밤에 문을 열어 달라고 문을 두드릴 수도 없어서 밖에 계속 있었죠. 그랬더니 그 사람이 여기서 언제까지 이러고 있을 거냐고, 자기가 지켜줄 테니까 어디 들어가서 자자고 했어요. 그래서 망설이다가 모텔에 갔죠. 내가 씻고 나오니까 이미 자고 있더라고요. 저도 침대 모퉁이에서 잠이 들었어요.

그런데 잠결에 누가 나를 침대에 눕히고 옷을 벗기는 느낌이 들어서 눈떠 보니까 내 위에 그 사람이 올라와 있었어요. 그래서 내가 안 된다고 계속 그러니까 가만히 있으라고 하면서 뺨을 몇 대 때리더라고요. 지금 생각해 보면 성폭행인데 그때는 그걸 그렇게 생각을 안 했죠. 이 사람하고 잤으니까 난 이 사람하고 결혼을 해야 되는가 보다, 이렇게 생각을 했어요. 그때만 해도 그런 생각을 가진 사람이 많았어요.

직장 가까운 곳에 방을 얻었는데 하루에 섹스를 세 번을 하는 거예요. 점심시간에 밥 먹고 와서 하고, 아침에 일어나서 하고, 자기 전에서 한 번 하고. 이렇게 세 번을 하더라고요. 정말 죽을 것 같았어요. 난 빨리 하고 내려오라는 말을 많이 했어요. 왜냐하면 아프니까. 그렇다고 그 사람이 나한테 애무를 잘해 주거나 그런 것도 없었고. 그냥 가슴 몇 번 만지고 뽀뽀 몇 번 하고. 그리고 쓱 올라와 가지고 그냥 벌리고 했던 거였죠. 난 준비가 전혀 없이, 하고 싶다는 욕구 하나 없이 그냥 그 사람이 다가오니까 했던 거예요. 그 사람하고 함께 사는 건 좋은데 그건 너무 싫었어요.

보름쯤 참다가 내가 울면서 말을 했어요. 나 너무 고통스럽다. 당신이 싫어서가 아니라 나 진짜 아프다. 내가 울면서 아프다고 하니까 덜 오긴 하더라고요. 그러다가 내가 임신을 하면서 그 전보다 섹스를 덜하게 됐죠."

여자를 벽에 밀치고 박력 있게 키스하는 남자를 '진정한 남자'로 그리는 한국 드라마는 한국사회 그 자체다. 여성의 거절이 거절로 받아들여지지 않을 만큼 폭력과 섹스의 경계 자체가 모호한 사회에서 여자들의 입장은 중요하지 않다. 뺨을 맞으며 첫 섹스를 했던 나살자가 폭력을 인지하지 못했던 것은 어찌 보면 당연했다. 남편의 폭력적인 섹스 성향은 결혼 후에도 달라지지 않았다. 남편은 나살자의 욕망이나 반응에 관심이 없었다. 그에게 중요한 것은 오로지 자신의 욕망뿐이었다. 고통을 호소하는 나살자에게 남편은 섹스가 고통스러운 건 "네가 나를 그만큼 좋아하지 않아서"라고 말하거나 목석같다며 '불감증'이라는 꼬리표를 달아 주기까지 했다. 하지만 정작 자신은 어떤 노력도 하지 않으며 밖으로만 나돌았다.

"임신한 지 8개월 됐을 때 남편이 처음으로 바람이 났어요. 내가 사랑하는 사람이 이럴 수가 있나. 충격이 컸어요. 남편이 바람을 피우고 나서는 그 사람이 가까이 오는 게 더 싫었어요. 살을 만져도 벌레가 기어가는 것 같은 느낌이 들고. 그래서 아마 그 사람과의 섹스가 더 안 좋았던 건지도 모르겠어요. 그래도 애들도 있고 누가 결혼하라고 해서 한 게 아니라 내가 하고 싶어서 한 거라서 책임져야 된다는 생각이 있었어요. 내가 어느 정도 참으면 그 사람도 힘 빠져서 그만하는 날이 있겠지 싶었죠.

그러다 어느 날 올케가 집을 나갔어요. 제 오빠하고 안 살겠다고 편지만 써 놓고. 뭔가 있겠지 싶었는데 알고 보니까 내 남편이랑 올케가 바람이 났더라고요. 몰래 녹음을 해서 들어 보니까 둘이 계속 섹스 이야기만 해요. '나는 네가 나랑 할 때 행복해서 웃는 모습을 보면 너무 좋다, 뿅 간다' 이런 자기들끼리 섹스한 이야기, 인터넷에서 본 이야기, 남 이야기. 거의 그 이야기만 하더라고. 자기들 둘이 비디오를 사서 하는 걸 찍어서 성인 사이트에 올렸었나 봐요. 그걸 보고 스와핑하자고 연락이 왔다는 이야기도 하고. 남편이 한 번도 저한테는 섹스 이야기를 한 적이 없었거든요. 저 사람이 나한테도 저렇게 하고 싶었는데 그걸 못 해서 다른 곳으로 갔구나 하는 생각이 들더라고요."

생각해 보면 남편이 바람을 피운 데에는 자신의 책임도 있다는 생각이 들었다. 많은 고민 끝에 이혼을 하려 했지만 남편은 용서를 빌었다. 그 후에 남편은 자신의 바람을 뉘우치며 성 중독 상담도 많이 받았다. 하지만 2년이 지나자 그는 다시 올케와 만나서 예전과 같이 섹스를 하기 시작했다. 남편을 고치거나 변화시킬 수 없다는 것을 깨달은 나살자는 이혼을 결심했다. 남편에게 정서적으로 의지를 하고 있던 나살자에게 이혼은 새로운 홀로서기이자 삶의 시작이었다. 이혼 후에 만난 남자와의 섹스는 그동안 나살자가 섹스에 대해 가지고 있던 선입견을 깨는 계기가 되기도 했다. 나살자를 탓하며 아무것도 하지 않았던 남편과의 섹스와는 달랐다.

"이혼하고 나서 다른 분을 만났어요. 같이 하룻밤을 보내게 됐는데 애들 아빠하고 했던 거랑은 조금 다른 느낌이 들더라고. 그런데 점점 만날수록 내가 성에 눈을 뜨게 됐어요. 내 속에 이렇게 많은 성감대가 있었나 싶은 생각이 들 정도였어요. 난 나한테 감각이 없는 줄 알았어요. 그 속에 그런 예민한 신경세포들이 있었다는 걸 전혀 모르고 살았는데 이 사람하고 섹스를 하면서는 내 질 속에도 살아 있는 신경세포들이 있다는 걸 알게 되더라고요. 내가 이제야 여자로서 성에 눈을 뜬 거 같아요. 완전히 알았다거나 이게 다라고 할 수는 없겠지만. 이 사람은 굉장히 날 소중히 다루는 게 느껴져요. 사랑스러운 듯이 쳐다보는 눈빛부터 시작해서 내 살을 만져 주는 손길이 달라요. 굉장히 다정다감한 느낌이 들어요. 애기들 다루듯이 애지중지하는 느낌이 들어요. 내 몸 구석구석을 만져 주면서도 어디가 좋은지 물어봐 주고. 나도 이제 한번 내 몸이 어떤지 찾아보고 싶다는 생각이 들었어요."

자신의 몸에 대해 알아보고 싶다는 생각이 드니 섹스에 몰입을 할 수 있게 됐다. 어떻게 하면 더 좋을지 자신이 무엇을 원하는

지도 더 많이 알아가고 싶다. 나살자는 어릴 적 부모님이 섹스하는 것을 보면서 추잡하다고 생각하곤 했다. 어쩌면 어릴 적의 기억이 나살자에게 왜곡된 섹스에 대한 가치관을 심어 줬는지도 모른다. 아이들이 혹시라도 섹스하는 자신을 추잡하다고 볼지 모른다는 생각에 남편과의 섹스에 집중을 할 수가 없었다. 방문이라도 잠그면 이상하게 여길까 봐 방문도 잠그지 못했다. 이혼 뒤에 즐거운 섹스를 맛본 나살자는 부모님을 이해할 수 있게 됐다. 하루아침에 달라질 수는 없겠지만 이제라도 천천히 섹스에 대해 알아가려고 한다.

"이래서 우리 엄마가 그렇게 좋아했구나 싶어서 이해를 하게 됐어요. 좋으니까 이렇게 신음소리가 저절로 나오는데 엄마는 정말 좋았나 보다 싶었죠. 지금 만나는 사람은 길지 않고 짧지만 굵어요. 잘 맞아서 그런 것도 있는 거 같아요. 내 안에 좋은 부분이 보석처럼 많이 박혀 있다는 걸 이 사람을 만나면서 알게 됐어요. 질 속에도 있고 옆에도 있고 입구에도 있고. 애들 아빠는 내 안의 어느 것도 자극하지 못했고 좋은 구석이 있다는 걸 찾아 주질 못했는데 완전히 다른 기분이었죠.

처음에 이 사람 만나니까 피스톤 운동을 굉장히 빨리하더라고. 빨리하니까 난 적응이 안 됐어요. 그래서 요구를 했더니 그때부터 천천히 해 주더라고요. 천천히 하니까 들어갔다 나올 때의 느낌이 다 느껴져서 좋았어요. 들어갈 때 좋은 곳 따로 있고 나올 때 좋은 곳 따로 있고. 깊이 넣었을 때 좋은 곳 따로 있고, 바깥쪽에 좋은 곳이 따로 있고. 애들 아빠하고 할 때는 들어갈 때 아프고, 나올 때 아프고, 속도 아프고, 배도 아프고, 이거 언제 끝나고 싶었었거든요.

고통도 그런 고통이 없었죠."

몰입을 할 수 있게 되니 섹스가 창피하다는 생각도 들지 않았다. 매번 다르게 찾아오는 오르가슴을 느끼게 되면서 자연스럽게 그 다음 섹스가 기다려졌다. 지금까지 느꼈던 것과 또 다른 쾌감들이 저 너머에 있을지도 모른다는 기분이 들었다. 끝나기만을 기다렸던 남편과의 섹스와는 달리 이제는 섹스가 즐겁다. 나살자의 요구를 진지하게 받아들이는 상대방의 태도도 마음과 몸의 문을 열게 해 주었다. 이제라도 이런 쾌감을 알게 되어 고맙지만 나이가 들면 더 이상 섹스를 하지 못할지도 모른다는 생각이 들어 아쉽기도 하다.

"폐경이 오면 섹스를 하기 싫어진대요. 질벽이 얇아져서 섹스를 좋아하던 사람도 하기 힘들어진다고, 아는 언니가 그랬어요. 할수 있을 때 많이 하라고. 지금 같아서는 일흔까지도 할 수 있을 것 같은데 저도 이제 곧 폐경이 올 테니까. 몸이 안 따라 줘서 섹스를 못하면 조금 아쉬울 거 같아요. 그래도 얼마나 다행이에요.

성이라는 건 더러운 게 아니고 어디서도 만날 수 없는 기쁨이라는 것을, 하늘이 주신 축복이라는 것을 느끼게 됐어요. 못 누리고 죽었다면 나도 불행했을 텐데. 알고 난 다음에는 그동안 모르고 살아서 억울하다는 생각도 들었어요.

그리고 전남편이 바람피운 것도 조금은 이해가 되기 시작했어요. 나도 만약 결혼 생활 중에 섹스에 만족을 주는 다른 사람을 만났더라면 바람피웠을 거라는 생각이 들기도 하고. 바람피우는 사람들의 심리를 조금 알기도 할 것 같아요. 상대방한테 상처를 주니까 나쁜 거지, 누리는 사람 입장에서는 좋은 거잖아요. 다른 사람들의 아픔은 생각하지 않을 정도로 애들 아빠에게는 섹스가 가치가 있었던 거 아닌가 싶어요."

섹스의 즐거움을 알게 된 후 그동안 섹스에 대해 가지고 있던 선입견도 많이 사라졌다. 지금과 같은 섹스를 결혼 생활에서 누렸다면 더 행복하게 결혼 생활을 할 수 있지 않았을까 싶기도 하다. 결혼 전에 만약 더 많은 남자를 만나 봤었다면 수동적으로 섹스를 하지 않았을지도 모른다는 생각도 들었다. 아직은 완벽하게 섹스에 대해 자신이 가지고 있던 선입견에서 벗어나지는 못했지만, 분명 많은 것들이 바뀌었다. 자신만이 만들어 놓은 틀에서 자신을 억압하며 살았던 나살자는 조금씩 그 틀을 깨부수고 있다.

"나만의 틀을 정해 놓고 '이건 이래야 돼, 남자는 이래야 돼, 여자는 이래야 돼' 이렇게 생각하면서 살았어요. 그런 것들이 나를 많이 억압을 했던 것 같아요. 예전에는 결혼 전에 여자는 지고지순하게 몸을 잘 관리해야 된다고 생각했었는데 지금은 달라요. 아무것도 모르는 '맹숭이'보다는 '까진' 게 나아요. 섹스에 대해서 불만을 가지고 결혼 생활을 하면 다른 곳에 가서 엉뚱한 짓을 하게 되잖아요. 그것보다는 섹스에 만족하면서 사는 게 좋죠. 어느 정도 살다가 이게 아닌데 하면서 결혼 생활 중에 바람피우는 것보다는 결혼하기 전에 많은 경험을 해 보는 게 좋다고 생각하게 됐어요."

엄마를 이해하고 나니 궁금증이 생겼다. 그렇게 섹스를 좋아하던 엄마는 아버지가 돌아가시고 어떻게 30년 동안이나 혼자서 사신 건지. 그 긴 시간을 어떻게 참으신 건지 궁금했다. 자신의 섹스를 실시간 라이브로 보여 줬던 엄마는 어찌된 일인지 섹스에 대한 이야기는 한마디도 하지 않으신다. 정말로 엄마는 자식들이 자신의 섹스 장면을 못 봤다고 생각하시는 걸까. 아니면 시치미를 뚝 떼는 것으로 품위를 유지하고 싶으셨던 걸까.

"아버지가 돌아가시고 엄마가 30년 동안 혼자 사셨는데 그 시간을 어떻게 참았는지 궁금해요. 그런데 물어보면 엄마는 자기는 그런 거 안 한 사람처럼 이야기를 해요. 말도 못 꺼내게 하고. 어릴 때도 엄마랑 아버지랑 그거 한다고 이야기했다가 엄마한테 혼난 적도 있었거든요. 엄마 신음소리가 크게 들려서 말한 건데. 섹스를 보여 주는 건 괜찮지만 정작 섹스를 말하는 건 창피하다고 생각하신 건지 뭔지 잘 모르겠어요.

결혼 생활하면서 섹스가 너무 고통스러워서 엄마한테 한번 말한 적이 있었어요. 나는 좋은지 하나도 모르겠는데 엄마는 어떻게 매일 같이 했냐고, 가르쳐 달라고 그랬더니 별소리를 다 한다고, 그런 소리 하는 거 아니라고, 나는 그런 거 모른다고 하시더라고요. 다 보고 듣고 자란 제 입장에서는 어이가 없긴 하죠. 왜 그렇게 모른 척을 하시는 건지. 어쨌든 두 분은 지금 생각해도 정말 섹스를 많이 했어요. 그렇게 잘 맞는 사람 만나기도 어려웠을 텐데. 어릴 때는 두 분이 그렇게 섹스하는 게 창피하고 너무 싫었는데 이제는 엄마가 부럽기도 해요."

가끔 여자에 대해 아는 척하고 싶어 하는 남자들이 써 놓은 글들을 보면 '나는 여자가 아닌가 보다' 싶어진다. 대부분의 '여자'들은 섹스의 행위 그 자체에 집중하기보다는 스토리가 있는 야동을 좋아하며, 시각적인 자극보다는 후각과 청각이 민감하다고 한다. 하지만 여성들을 위해 만들어졌다는 야동들은 대체로 내 취향이 아니었다. 스토리가 있는 야동을 보고 있으면 섹스는 대체 언제 하나 싶어서 지루하고, 슬로모션으로 애무의 과정을 하나하나 담고 있으면 답답하다. 또 시각적인 자극에 약해서 완전히 불을 끄는 것보다 촛불이라도 켜 놓고 섹스하는 걸 더 좋아한다. 대부분의 '여자'들은 생리할 때 섹스하는 걸 싫어하며, 굴욕적인 기분이 들어서 후배위로 섹스하는 걸 싫어한다고 한다. 그러나 난 생리할 때 피 튀기면서 섹스하는 걸 좋아하고, 후배위로 섹스하는 걸 좋아한다. 대부분의 '여자'들이 싫어한다는 애널섹스도 난 좋아한다. 그럼 나는 여자가 아니란 말인가. 나는 남자란 말인가. 그것도 아닌데. 그럼 나는 누구?

자신들이 원하는 '여자'를 만들어 놓고 편의상 그 틀에 여자들을 끼워 맞추려는 남자들, 여자에 대해서 다 알고 있다는 근거 없는 자신감으로 가득 찬 남자들, 심지어 섹스를 가르치려는 남자들에게 더 이상 여자들이 휘둘리지 않았으면 좋겠다.

'여자들은 사랑과 섹스를 분리시킬 수 없다'는 말도 여자들을 '통제'하려는 남자들이 만들어 낸 말임에 틀림없다. '사랑해서 섹스를 하는 여자'와 '사랑 없이도 섹스하는 여자'가 남자들 사이에서 완전히 다른 취급을 받는다는 건 굳이 설명하지 않아도 모두가 아는 사실이다. 섹스가 하고 싶은데 망설여진다면, 평소와 다른 섹스가 하고 싶은데 망설여진다면 자신이 무엇 때문에 망설이고 있는지 스스로에게 물어볼 필요가 있다.

섹스를 가르치려는 남자들

"네가 아직 어려서 섹스에 대해 잘 모르는 거 같아. 오빠랑 만날 때마다 섹스하자. 많이 가르쳐 줄게. 너《카마수트라》가 뭔지 알아? 인도에서 전해져 내려오는 섹스에 대한 책인데, 오빠가 그 책 이미 다 외우다시피 했잖아."

그는 청계천 주변에서 공수한《카마수트라》를 이미 다섯 번이나 정독했고, 거기 나오는 체위도 거의 다 해 봤다고 말했다. 그 책에 나오는 체위를 하루에 한 가지씩만 해 봐도 얼마나 많은 시간이 필요한 줄 아냐며 다 배우고 나면 넌 세상 모든 남자들에게 사랑받는 여자가 될 거라는 말도 안 되는 이야기도 덧붙였다. 난 그에게 섹스를 배우고 싶다고 말한 적이 없었다. 그러나 그는 나에게 섹스를 가르치려고 했다. 자신이 나보다 섹스에 대해서 많이 알고 있을 거라는 저 '근자감'은 대체 어디서 나오는 건지 궁금했다.

섹스를 하고 싶으면 그냥 솔직하게 섹스하고 싶다고 말하면 되지, 사랑받는 여자로 만들어 준다는 말을 제안이라고 한 건지 어이가 없었다. 그 뒤로 몇 번 섹스를 하긴 했지만 그는 나를 가르칠 정도로 섹스를 잘하는 남자가 아니었다. 그는 아마 《카마수트라》를 본 적이 없었을 거다. 아마 어디 잡지나 방송에서 듣고 그럴싸한 단어다 싶어 외워 뒀다 써먹었겠지. 《카마수트라》를 한번이라도 펴 본 사람이라면 알겠지만, 그 책은 여러 의미에서 마스터했다는 말을 쉽게 할 수가 없는 책이다. 그는 그냥 잘난 척이 하고 싶었고 섹스가 하고 싶었던 남자일 뿐이었다.

남자들은 나에게 섹스를 가르치려고 했다. 법적인 성인이 된 다음에도 그랬지만 10대 시절에는 더했다. 네가 섹스에 대해 알면 얼마나 알겠냐며 가르치려고 들었고, 왜 그렇게 일찍 섹스를 하게 됐는지 나를 분석하려고 들었다. 고등학교 시절 만나던 '직장인 오빠'는 별로 알고 싶지 않은 음담패설이나 섹스에 관련된 은어들을 내게 가르치며 뿌듯함을 얼굴에서 감추지 못했다. 남들보다 비교적 어린 나이에 섹스를 한 탓인지 나보다 나이가 많은 남자를 만나도, 사실상 섹스를 해 온 역사는 비슷한 경우가 많았다.

물론 시간이 능력이나 지식의 양과 비례하는 것은 아니지만, "네가 섹스를 해 봤자 얼마나 해 봤겠어"라는 말을 당연한 듯이 내뱉는 남자들은 섹스에 대한 내 과거를 모조리 무시하고 있었다. 섹스하면서 웃는 나에게, "네가 잘 모르나 본데, 섹스할 때는 진지해야 돼. 웃으면 분위기 깨져서 안 되니까 웃지 마"라는 말을 하는 남자를 만났을 땐 정말 더러워서 섹스 못 해 먹겠네 싶었다. 뭐 이제

하다하다 못 해서 표정까지 가르치려 드나. 표정 연기까지 할 줄 알았으면 내가 여기 이러고 있겠니. 벌써 데뷔했겠지. 웃지도 못 하게 하려는 남자라니 이 남자, 여자를 자기 마음대로 할 수 있다고 생각하는 건가.

섹스를 하는 관계가 아니어도 나에게 섹스를 가르치려는 남자들은 흘러넘쳤다. 섹스에 대해 이야기를 하는 순간, 남자들은 아는 척을 멈추지 않았다. 네가 침대에서 섹스를 어떻게 할지 빤히 보인다는 둥, 넌 섹스에 대해 제대로 모른다는 둥, 그래 봤자 여자들은 섹스에서 남자들 못 따라간다는 둥 온갖 말들을 들어야 했다. 나도 가만히 있지는 않았지만 듣는 것만으로도 뚜껑이 열리는 기분이 들었다.

가끔 여자에 대해 아는 척하고 싶어 하는 남자들이 써 놓은 글들을 보면 '나는 여자가 아닌가 보다' 싶어진다. 대부분의 '여자'들은 섹스의 행위 그 자체에 집중하기 보다는 스토리가 있는 야동을 좋아하며, 시각적인 자극보다는 후각과 청각이 민감하다고 한다. 하지만 여성들을 위해 만들어졌다는 야동들은 대체로 내 취향이 아니었다. 스토리가 있는 야동을 보고 있으면 섹스는 대체 언제 하나 싶어서 지루하고, 슬로모션으로 애무의 과정을 하나하나 담고 있으면 답답하다. 또 시각적인 자극에 약해서 완전히 불을 끄는 것보다 촛불이라도 켜 놓고 섹스하는 걸 더 좋아한다. 대부분의 '여자'들은 생리할 때 섹스하는 걸 싫어하며, 굴욕적인 기분이 들어서 후배위로 섹스하는 걸 싫어한다고 한다. 그러나 난 생리할 때 피 튀기면서 섹스하는 걸 좋아하고, 후배위로 섹스하는 걸 좋아한다.

대부분의 '여자'들이 싫어한다는 애널섹스도 난 좋아한다. 그럼 나는 여자가 아니란 말인가. 나는 남자란 말인가. 그것도 아닌데. 그럼 나는 누구?

물론 나도 생리할 때 섹스를 하면 평소보다 더 쉽게 세균감염이 될 수 있다거나, 피가 역류할 수도 있다는 사실에 대해 알고 있다. 하지만 건강에 안 좋은 게 어찌 생리할 때 섹스하는 것뿐이겠는가. 몸에 좋은 음식만 먹는 사람이 지구상에 몇이나 될까. 어쩌면 하고 싶을 때 섹스를 못 해서 받는 스트레스가 건강에 더 안 좋을지도 모른다.

평소보다 더 섹스가 하고 싶어지면 틀림없다. 내 몸이 나에게 보내는 신호는 정확하다. 생리할 때가 다가왔다는 신호. 생리 시작 며칠 전부터 생리 끝나고 며칠 뒤. 이때가 바로 내 발정기다. 생리하기 전에 섹스를 하는 것도 좋지만 생리할 때 섹스를 하는 건 더 좋다. 생리할 때 섹스를 하면 피가 윤활유와 같은 역할을 하기 때문에 젖지 않아도 매끄럽게 섹스를 할 수 있다. 애무를 건너뛰고 본 게임에 들어가도 되니 평소와는 색다른 기분을 맛볼 수 있다는 뜻이다.

생리통이 심한 첫째 날은 사실상 섹스가 하고 싶어도 몸이 힘들어서 움직이기가 어렵다. 몸 움직이는 것도 힘드니 본격적인 섹스는 하기 어렵지만 바이브레이터와 함께라면 불가능이란 없다. 극심한 생리통이 내 몸을 뒤흔들 때 바이브레이터를 보지에 가져다 대고 잠깐 있으면 오르가슴이 오면서 생리통이 줄어드는 신비체험을 할 수 있다. 나는 패드형 생리대보다 탐폰을 즐겨 쓰는데, 생리

중에는 그래서 가끔 탐폰을 끼운 채로 애널섹스를 하기도 한다. 물론 나도 한때는 애널에 손이 닿기만 해도 싫어했던 적이 있었다. 애널에 자지를 가져다 대곤 했던 남자를 만난 적이 있었는데, 그때도 난 소스라치게 놀라면서 몸을 빼곤 했었다. 그러면서 정작 나는 상대방 애널에 손을 넣고 싶어 했지만 내 요구를 들어주는 남자는 거의 없었다. 여자와 섹스를 하면서 난 애널섹스의 꿈을 이뤘는데, 보지와 애널에 동시에 손을 넣고 움직이면서 그 사이 얇은 막을 느끼고 있으면 묘한 기분이 들었다. 보지에만 손가락을 넣었을 때보다 더 흥분하는 그녀의 반응을 보는 것도 좋았다. 오르가슴에 달하는 순간 얇은 막이 떨리는 것이 손으로 느껴졌다. 애널섹스가 궁금해진 건 바로 그때부터였다. 하지만 그녀는 내 애널을 만지지 않았고 난 굳이 해 달라고 하지 않았다.

애널섹스를 하게 된 건 지금의 애인을 만나고 부터였다. 어느 날 달아올라 서로의 몸을 만지던 우리는 내가 마침 생리 중임을 깨달았다. 탐폰을 꺼내고 수건을 깐 다음 섹스를 할 수도 있었지만 그녀의 손은 나의 애널을 탐하기 시작했다. 한껏 흥분해 있던 난 긴장이 풀린 상태였고 그녀의 손가락은 부드럽게 들어왔다. 그때까지 난 애널에 무언가를 넣으면 아플지도 모른단 생각을 했었다. 하지만 아프기는커녕 느껴본 적 없었던 쾌감이 나를 휘감았다. 그 뒤론 생리를 하지 않을 때도 가끔씩 애널섹스를 한다. 그녀의 손이 애널과 보지에 동시에 들어오면 질 안이 텅 빈 것 같은 묘한 느낌이 든다. 더 많이 더 깊게 내 보지를 채워 줬으면 하는 욕망에 더 넣어 달라며 애인의 손목을 붙잡을 때도 있다.

나와 같은 취향을 가진 여자들이 얼마나 있는지는 나도 모른다. 정말로 '대부분의 여자'에 비해 나의 취향이 특별할 수도 있다. 생리 중 섹스를 즐기는 나와 같은 여자도 있겠지만 생리할 때만큼은 섹스를 피하고 싶은 여자도 분명 있다. 여기서 중요한 것은 여자라고 해서 같은 취향을 가지고 있는 것이 절대 아니리는 점이다. 여자들에게는 각기 다른 취향이 있다. 남자들은 '여자는 이렇다'라거나 '이것이 여자다'라고 여자에 대해 모든 것을 알고 있는 것처럼 말하지만, 안타깝게도 자기들 편하자고 지껄이는 헛소리가 대부분이다. 몇 년 전부터 여성을 유혹하는 방법을 가르치는 남성들이 '픽업 아티스트'라는 이름을 달고 각종 매체에 등장했다. 유혹의 노하우를 비싼 돈을 받으며 강의하고, 여성에 대한 모든 것을 알고 있는 것처럼 설치는 그들을 보면 한심하다. 대체 저들에게 '여자'란 뭘까. 여자를 전부 하나로 묶으려는 시도는 여기서 벗어나는 여자들의 이야기를 듣지 않겠다는 의미와 마찬가지다. 미안하지만 난 그들이 만들어 놓은 틀 안에 들어가고 싶지 않고 들어갈 수도 없는 여자다.

때로 어떤 남자들은 그럼 도대체 여자가 좋아하는 섹스가 뭔지 알려 달라고 내게 말한다. 나에게 섹스를 가르치려는 남자와 가르쳐 달라고 말하는 남자는 종이 한 장 차이다. 섹스에 대해 글을 쓰는 여자라는 이유만으로 당연한 듯이 나에게 가르침을 요구하는 남자들의 태도는 뻔뻔하기 짝이 없다. 첫째, 노력 없이 누군가에게 배우는 것만으로 여자에 대해 알 수 있다는 발상을 했다는 점에서 그렇고, 둘째, 여자에 대해 배우려는 자신의 기특한 태도에 내가 기꺼이 응할 거라고 생각했다는 점에서 그렇다. 세상에 '같은' 여자란 없다.

여자라는 이유만으로 다 같다면 세상 참 단순하고 평화롭겠지만 그렇지가 않다. 제발 남자들이 여자를 개별적인 존재로 인정하고 알아가기 위해 스스로 노력했으면 좋겠다. 그래서 난 나에게 섹스를 가르쳐 달라고 말하는 남자들의 요청에 무응답으로 대응한다. 부디 그들이 자가발전할 수 있기를 기대하면서 말이다. 어쩌면 누군가는 내가 바이섹슈얼이라서 다른 '취향'을 가지고 있을 뿐 '보통의 이성애자 여자'들은 거기서 거기란 말을 하고 싶을 수도 있겠다.

이걸 어쩌나. 미안하게도 '같은 성적 지향'이라는 말은 '같은 취향'이라는 말과 같은 뜻이 아닌데. 내가 만난 여자들 중에는 레즈비언도, 바이섹슈얼도 있었다. 하지만 그중 같은 취향을 가지고 있는 여자는 단 한 명도 없었다. 섹스하는 스타일부터 야동 취향까지 타입을 나눌 수 없을 만큼 다양했다. 받는 것과 하는 것을 전부 좋아하는 여자도 있었고, 바지도 벗고 싶어하지 않는 여자도 있었으며, 내 몸을 건드리지도 않는 여자도 있었다. 여자와 섹스한 경험밖에 없지만 게이 야동을 즐겨 보는 여자도 있었다. 여자를 만난 역사라고 해 봤자 너무 짧아서 명함도 못 내밀 내가 만난 여자들도 이렇게 각양각색인데 대체 얼마나 적은 여자들을 만나 봤기에 하나로 퉁 치는 게 가능한지 궁금하다. 게다가 이 좁은 여성 성소수자 바닥에서 만난 여자들도 하나같이 다 다른데, 그 넓디넓은 이성애자 바닥에서 만난 여자들이 어떻게 전부 비슷한 취향을 가지고 있겠나.

자신들이 원하는 '여자'를 만들어 놓고 편의상 그 틀에 여자들을 끼워 맞추려는 남자들, 여자에 대해서 다 알고 있다는 근거 없는 자신감으로 가득 찬 남자들, 심지어 섹스를 가르치려는 남자들에게

섹스를 가르치려는 남자들

더 이상 여자들이 휘둘리지 않았으면 좋겠다. '여자들은 사랑과 섹스를 분리시킬 수 없다'는 말도 여자들을 '통제'하려는 남자들이 만들어낸 말임에 틀림없다. '사랑해서 섹스를 하는 여자'와 '사랑 없이도 섹스하는 여자'가 남자들 사이에서 완전히 다른 취급을 받는다는 건 굳이 설명하지 않아도 모두가 아는 사실이다.

섹스가 하고 싶은데 망설여진다면, 평소와 다른 섹스가 하고 싶은데 망설여진다면 자신이 무엇 때문에 망설이고 있는지 스스로에게 물어볼 필요가 있다. 만약 '보통의 여자'들과 자신이 다른 취급을 당할까 봐 두려운 것뿐이라면 과감하게 그 틀을 벗어나기를 권한다. 클럽에서 만난 남자와 처음 원나잇을 했을 때 나에겐 애인이 있었다. 그 남자와 원나잇을 하면 나의 섹스 도덕 체계가 무너져 버릴지도 모른다는 불안감이 있었다. 하지만 우려했던 것과 달리 원나잇을 한 뒤에 아무 일도 일어나지 않았다. 꼭 해 봐야 아냐고 묻는 사람들도 있지만 세상엔 몸으로 겪어 봐야 알게 되는 일들도 있는 거니까. 난 그 뒤로도 당시에 사귀던 애인과 1년이나 더 만났고, 그때의 원나잇은 충분히 만족스러웠다. 자신이 원하는 섹스를 찾기 위해 앞으로 나아가는 과정은 그 무엇보다 중요하다. 섹스에 정답이란 없기 때문에 누구도 자신이 원하는 섹스를 대신 찾아줄 수 없다. 남자들이 나 대신 내가 좋아하는 섹스를 나에게 가르치도록 만들지 말자. 부디 자신만이 가지고 있는 그 열쇠를 스스로 찾아 '나만을 위한 놀이'를 시작할 수 있길.

빛나는
섹스
판타지

섹스가 사치와 같았던 10대 시절 나의 섹스 판타지는 소박하다 못
해 안쓰러울 정도였다. 시간에 구애받지 않고 느긋하게 섹스를 하
다가 함께 잠이 드는 것. 아침이 오면 창문으로 들어오는 햇살을 맞
으면서 모닝섹스를 하는 것. 그게 나의 섹스 판타지였다. 흔히들 섹
스했다는 말 대신 '함께 밤을 보냈다'거나 '잠을 잤다'는 표현을 많
이 쓴다. 섹스는 해도 함께 밤을 보낼 수 없었던 그 당시 나에게 섹
스는 '밤'이나 '잠'과는 거리가 멀었다.

　　10대 시절 내가 꿈꾸었던 소박한 섹스 판타지는 그 자체로 자
극적이라기보다는 하고 싶지만 할 수 없었던 상황이 만들어 낸 것
이었다. 그 당시 섹스할 시간과 장소가 마땅치 않아서 공중화장실
에 몰래 숨어들어가 변기 뚜껑을 내리고 했던 섹스는, 누군가에겐
섹스 판타지였겠지만 나에겐 구질구질한 현실이었다.

시간이 지나고 '어른'이 되자 10대 시절의 섹스 판타지는 현실이 되었다. 어른이 된 난 더 이상 섹스할 장소를 찾아서 헤매지 않아도 되었다. 원하면 모텔을 빌릴 수도 있었고, 작지만 나만을 위한 공간도 생겼다. 애인과 함께 밤을 보내고 아침에 모닝 섹스를 할 수도 있었다. 하지만 난 가끔 10대 때처럼 섹스를 했다. 바닷가에 있는 커다란 바위 뒤에서 치마를 들고 섹스를 한 적도 있었고, 아파트 계단에서 숨죽이며 섹스를 한 적도 있었다. 피스톤 운동을 할 때마다 계단 비상등이 켜지는 바람에 청테이프를 뜯어서 센서에 붙이기도 했다. 클럽 2층 구석에 앉아 몰래 섹스를 하기도 했고, 사람들이 자는 틈을 타 버스에서 섹스를 한 적도 있었다. 10대 시절 이미 무수히 많은 장소에서 섹스를 해 봤던 나였으나, 어른이 된 나에게는 그 모든 장소가 자극적인 섹스 판타지가 되었다. 실행하는 순간 빛을 잃는 것, 아직 해 보지 못했을 때 빛이 나는 것이 섹스 판타지라는 말을 들은 적이 있다. 하지만 그건 나에게 해당되지 않는 말이었다. 나의 섹스 판타지는 멈춰 있는 것이 아니라 시간과 공간에 따라 돌고 돌면서 변화했다. 현실과 판타지는 한 끗 차이인지도 몰랐다. 물론 고정적으로 존재하는 '섹스 판타지'가 있기도 했지만 대부분은 현실이 되기도 하고 다시 판타지가 되기도 하면서 변화하곤 했다.

나의 섹스 판타지가 가장 빛을 발할 때는 혼자서 자위를 할 때다. 눈을 감으면 난 내가 원하는 장소와 상황 속으로 갈 수 있다. 매번 달라지긴 하지만 주로 아직 안 해 본 것들과 상상 속에 가둬 놓고 싶은 것들을 떠올린다. 열 명쯤 모인 파티에서 술을 마시다가 갑자기 누군가가 내 티셔츠를 올리고 가슴을 만지기 시작한다. 당황해서 어쩔 줄 모르는 내 치마 안으로 누군가의 손이 들어온다. 내 팬티 안으로 들어온 손은 클리토리스를 천천히 만진다. 한참 흥분해 있는데 뒤늦게 애인이 등장해서는 화를 내며 옆에 있는 다른 여자의 치마를 올리고 보지에 입을 가져다 댄다. 스토리의 개연성 따위는 중요하지 않다. 섹스파티나 스와핑, 스리섬은 나의 오랜 섹스 판타지다. 어쩌면 아직 해 보지 않았기 때문에 변함없이 섹스 판타지의 자리를 지키고 있는지도 모르겠지만, 딱히 실행해 보고 싶은 생각은 없다. 애인이 내가 아닌 다른 사람과 섹스하는 것을 보고 싶다는 욕망은 언제나 있었다. 하지만 실제로 봤을 때 생길 넘치는 질투심을 내가 감당할 수 있을지는 잘 모르겠다. 물론 해 보기 전까지 모르는 거고 인생은 어떤 일이 생길지 알 수 없는 거니까 장담할 수는 없으나 아직은 상상 속에 가둬 놓고 싶다.

　이렇게 내가 섹스 판타지에 대해 말을 해도 사실 내 머릿속에서 일어나는 일이기 때문에 아무도 내 섹스 판타지에 대해 제대로 알 수 없다. 상상 속에 어떤 것들을 가둬 놓을지는 내 자유다. 애인이 있어도 다른 사람을 떠올릴 수 있고, 좋아하는 연예인과 섹스를 할 수도 있으며, 강간을 당하는 상상을 할 수도 있다. 자신이 강간당하는 판타지를 가지고 있다는 것을 알게 된 뒤 죄책감이나 혼란스러움을 느끼는 여성들도 있다. 하지만 생각보다 많은 여자들이 강간에 대한 섹스 판타지를 가지고 있다. 이런 말을 하면 역시 여자들 싫다고 하면서 억지로 당하는 거 좋아하는 거 아니냐고 묻는 남자들이 꼭 있다. 하지만 강간에 대한 섹스 판타지는 판타지이기 때문에 유효한 것이다. 내가 마음대로 조종할 수 있는데 뭔들 상상하지 못하겠는가. 상상은 상상일 뿐 힘이 없다. 상상하는 것만으로는 어떤 일도 실제로 일어나지 않는다.

얼마 전에 난 재미있는 꿈을 꿨다. 성매매 일을 하게 된 나는 방에서 손님이 오기를 기다리고 있었다. 그런데 여자 손님 네 명이 동시에 들어와서는 그룹섹스를 하자는 제안을 해 왔다. 드디어 오랫동안 꿈꿔왔던 그룹섹스를 해 보는구나 싶었는데, 손님 한 명이 나를 만지다가 옷을 벗기려고 하는 순간 잠에서 깼다. 종종 난 이런 섹스와 관련된 꿈을 꾼다. 꿈속에서 난 다시 보고 싶지 않은 전 애인과 섹스를 하기도 하고, 남들이 다 보는 거리 한복판에서 섹스를 하기도 한다. 하지만 실제로는 아무 일도 일어나지 않는다. 꿈은 꿈일 뿐이기 때문에 내가 사실은 그 사람을 잊지 못하고 있는 건 아닐까, 애인이 있는데 이런 꿈을 꿔도 되는 걸까, 사실 애인과의 섹스가 만족스럽지 못한 건 아닐까, 나 성매매 일을 해 보고 싶은 건 아닐까 고민하지도, 죄책감에 시달리지도 않는다. 섹스 판타지와 꿈은 그 자체로 힘이 없다는 점에서 비슷하다. 게다가 꿈은 내가 조종할 수 없기 때문에 내 욕망과는 정 반대의 상황이 벌어지곤 한다. 그만큼 더 힘이 없다는 뜻이다.

한때 마주치는 모든 남자들과 섹스를 하는 상상을 하곤 했었다. 한가한 지하철에서 맞은편 남자의 바지를 벗기고 올라타는 상상을 했고, 같은 대학 교양 수업을 듣던 남자의 옆자리에 앉아 손으로 자지를 만지는 상상을 했다. 식당에서 다른 테이블 밑으로 기어들어가 밥을 먹던 남자의 자지를 빨아 주는 상상을 했고 술을 마시다 옆자리에 있던 남자와 화장실에서 갑작스러운 섹스를 하는 상상을 했다. 간절한 나의 상상을 누군가 눈치 채면 때로 현실이 되기도 했지만 대부분은 상상에서 그쳤다. 혼자서 자위를 할 때도 난 남자와의 섹스를 상상했다. 상상 속에서 난 여러 명의 남자들의 자지를 번갈아 빨면서 흥분했다. 가능한 모든 상상 안에서 난 남자와 섹스했다. 그때는 내가 여자와 섹스를 할 수 있다는 것을 알기 전이었다. 여자와의 섹스를 경험한 뒤 난 여자들과 섹스를 하는 상상을 했다. 아직 해 보지 못했거나 할 수 없기 때문에 섹스 판타지가 되는 것들도 있었지만, 여자와의 섹스처럼 경험 후에 섹스 판타지가 되는 것들도 있었다. 그 전까지 여자와의 섹스는 나에게 자극을 가져다 주지 않았지만, 해 보고 나니 상상하는 것만으로도 흥분이 됐다.

상상 속의 나는 자유롭다. 현실 속에서 난 애인도 들어 올리지 못하는 작은 여자이지만 상상 속에서는 무릎에 가녀린 여자를 앉히고 섹스하는 덩치 큰 여자가 될 수도 있다. 현실 속에서 섹스할 때 난 주로 '받는' 편이지만, 상상 속에서 난 딜도를 골반에 차고 현란한 허리 놀림으로 애인을 훅 가게 만들기도 한다. 난 현실 속 섹스에서 하고 싶지만 할 수 없는 것들을 상상하며 만족감을 얻는다. 상상은 그 자체로 분명 힘이 없지만, 현실 속에서 해 보지 못한 것들을 할 수 있게 만들어준다. 가끔 상상력의 한계를 느낄 때는 '야동'을 보는 것이 새로운 상상을 할 수 있게 만드는 원동력이 되기도 한다. 야동을 한 편 보고 자위를 하면 막혔던 상상력에 새로운 길이 뚫린다.

박근혜 정부가 들어서면서 야동에 대한 규제가 심해졌다. 성폭

4장 ― 섹스에 정답은 없다

228

력이 학교폭력, 가정폭력, 불량식품과 함께 반드시 척결해야 할 4대 악 중 하나로 꼽히면서 성범죄의 원인이 될 수 있다는 가정하에 야동을 규제하기 시작한 것이다. 영상은 인간에게 안 좋은 방향으로든 좋은 방향으로든 영향을 준다. 자위나 섹스를 더 재미있게 하려고 야동을 보는 사람들이 있는 걸 보면 알 수 있다. 밤늦게 라면 광고를 보고 갑자기 라면을 끓여 먹는 일이나 무서운 영화를 보고 잠을 설치는 일은 누구나 한 번쯤은 겪었을 법한 일이다.

하지만 그 누구도 라면 광고를 보고 식욕이 동해 라면을 훔칠 수도 있다는 이유로 라면 광고를 통제하자는 주장을 하지는 않는다. 그럼 왜 도대체 섹스에 대해서만 규제를 할까. 야동은 섹스에 대한 상상을 하게 만들고, 섹스에 대한 상상은 강한 성욕을 불러일으킬 수 있지만, 성폭력의 원인은 참을 수 없는 성욕에 있지 않다. 만약 성폭력의 원인이 성욕에 있다면 대체 여성들이 저지르는 성범죄율은 남성들에 비해서 왜 이리도 낮은가. 남자들보다 성욕이 적어서? 누군가의 주장처럼 남자들은 7초에 한 번씩 섹스 생각을 하는데 여자들은 그렇지 않아서? 이 문제의 정답은 '여자들에게 힘이 없어서'다.

사회적으로 권력을 가진 여성이 자신의 부하직원을 성추행하는 일은 가능하다. 하지만 돈이 없거나 사회적으로 권력을 갖지 않은 여성이 남성에게 성폭력을 가하는 일은 극히 드물다. 사실 '없다'고 쓰고 싶지만 지구상에는 내가 모르는 일도 많이 일어나니 극히 드물다고 해 두자. 길거리에서 여자를 끌고 가 강간하는 남성은 있지만, 그 반대의 경우는 일어나지 않는다. 꼴린다는 이유만으로 길거리의 남자를 납치해서 성폭행하는 여자는 없다. 성폭력은 권력을 가진 자가 자신보다 만만하다고 생각하는 자에게 휘두르는 폭력이다. 만만하지 않은 상대의 엉덩이를 만지는 사람은 세상에 존재하지 않는다. 성범죄를 일으킬 수 있다는 이유로 야동을 규제하는 사회에서는 섹스에 대한 생각 자체가 불순한 것으로 여겨진다. 같은 성을 가진 누군가가 자신을 두고 섹스에 대해 상상하는 것이 불쾌하다는 이유로 레즈비언이나 게이의 대중목욕탕 출입을 금지하자는 주장은 그래서 가능해진다. '대중목욕탕에서 나를 두고 그런 상상을 하는 거 아냐? 그러다 성욕을 못 참아서 나 성폭행하면 어떡해? 불안해. 같이 목욕하기 싫어. 들어오지 말라고 해.' 레즈비언이나 게이는 섹스 생각만 하는 줄 아느냐고 대응할 수도 있겠지만, 사실 대중목욕탕에서 섹스 생각을 하는 나 같은 사람이 있긴 있다.

난 목욕탕에서 가슴이 예쁜 여자를 보면 만지고 싶다는 생각을 하기도 하고 갑자기 그녀를 뒤에서 안아 덮치는 상상을 하기도 한다. 때론 찜질방에서 그룹섹스를 하는 상상을 하기도 한다. 상상이 죄라면 난 목욕탕에 가지 않거나 정 가고 싶으면 옆구리에 성경책이라도 끼고 가야 되는 걸까. 미안하지만 난 목욕탕에서 뿐만 아니라 길거리에 다닐 때도 종종 섹스 생각을 한다. 상상이 죄라면 난 방구석에 틀어박혀서 나오지 말아야 되는 걸까.

야동이 성욕을 불러일으켜 성범죄율을 높일 수 있으니 통제하겠다는 발상은 단순하다. 이 규제에 반대하는 이들은 야동에 대한 규제가 사라지면 야동으로 '성욕'을 풀 수 있어서 오히려 성범죄가 줄어들 거라고 말하기도 한다. 야동과 성매매를 둘러싼 담론은

이 부분에서 매우 비슷한 노선을 걷고 있다. 성매매를 반대하는 이들은 성매매는 인간을 성욕을 푸는 도구로 쉽게 인식하도록 만들어 성범죄율을 높일 수 있다고 말한다. 또 그걸 반대하는 이들은 성매매 비범죄화가 성범죄율을 줄이는 데 큰 공을 세울 것이라고 말하기도 한다. 미안하지만 전부 성폭력을 참을 수 없는 성욕의 문제로 보고 있다는 점에서 틀렸다. 성폭력은 성욕이 아닌 권력의 문제이며, 섹스에 대한 상상도 성욕도 죄가 없다. 물론 야동도 죄가 없다.

스마트하게
섹스하기

고3이 되니 한 달에 한 번 섹스하기도 힘들어졌다. 그렇다고 하루 종일 앉아서 공부만 하는 건 아니었으나, 엄마의 감시가 더 심해진 터라 어쩔 수 없었다. 1주일에 한 번이라도 섹스할 시간이 있었다면 공부가 더 잘될 게 분명했지만, 엄마가 그런 걸 알 리가 없었으니까. 그런 나에게도 마음껏 쓸 수 있는 게 하나 있었으니 바로 핸드폰이었다. 폰섹스를 처음 시작한 건 그때부터였다. 전화를 하기 힘든 수업시간에는 문자를 주고받다가 밤이 되면 전화로 본격적인 폰섹스에 들어갔다. 전화선을 타고 오는 그의 목소리는 자극적이었다. 목소리로 서로의 옷을 벗기고 목소리로 서로의 몸을 애무했다. 난 눈을 감고 그의 목소리를 들으며 내 몸을 만졌다. 그가 "가슴이 왜 이렇게 부드러워?"라고 물으면 나는 눈을 감고 내 가슴을 만지는 그를 상상했다. "왜 이렇게 젖었어?"라고 말하면 젖어 버린 내 보지를 만지는 그의 손길이 느껴지는 것 같았다. 전화로 나눌 수 있는 건 목소리나 숨소리만이 아니었다. 내 손이 보지 안에 들어갔다 나올 때 나는 질퍽한 소리도 그의 손이 자지를 앞뒤로 쥐고 움직일 때 나는 '사사삭'거리는 소리도 나눌 수 있었다. 동영상 강의를 봐야 된다는 이유로 웹캠이 달린 노트북을 산 이후로는 소위 말하는 '야캠'을 할 수 있었다. 밤늦게 식구들이 전부 잠들기를 기다렸다가 난 침대에 누워 노트북을 켰다. 화면 너머로 자지를 움켜쥐고 빠르게 움직이는 그의 손이 보였다. 핸드폰과 노트북이 있는 시대에 태어나서 정말 다행이란 생각이 들었다.

'어른'이 되면 자유롭게 섹스를 할 수 있을 거라 생각했지만 여전히 난 부모님과 함께 살았고 통금시간을 지켜야만 했다. 섹스를 하고 잠시 잠이 들었다가도 집에 갈 시간이 되면 벌떡 일어나서 옷매무새를 가다듬고 화장을 고쳤다. 어딘가에서 자다가 왔다는 걸 들키는 순간 쏟아질 비난을 감수하기는 너무 귀찮았다. 여전히 난 부모님에게서도 벗어날 수 없는 가난한 20대일 뿐이었다. 나의 20대의 시작과 함께 본격적인 스마트폰 시대의 막이 열렸다. 나도 시대에 발맞춰 나가는 트렌디한 20대가 되기 위해 누구보다 빠르게 스마트폰을 장만했다. 스마트폰이 생기니 좋은 게 한두 가지가 아니었다. 어디서든 인터넷만 터지면 영상통화부터 채팅까지 모든 것이 '공짜'로 가능했고, 온갖 SNS도 언제든지 손쉽게 활용할 수 있게 됐다. 그리고 난 스마트폰과 함께 스마트한 섹스에 발을 들였다.

'천리안'에서 채팅을 하며 초등학교 시절을 보낸 꾸러기답게 스마트폰으로 할 수 있었던 여러 가지 기능 중 가장 마음에 들었던 건 '무한 채팅'이었다. 그동안 컴퓨터로 해왔던 각종 메신저에게 안녕이라도 고하듯 많은 사람들은 스마트폰 채팅 어플을 이용하기 시작했다. 지인들과의 채팅도 가능했지만 나의 주변에 있는 사람들을 찾아 주는 어플도 인기를 끌었다. 어떤 사람일 줄 알고 온라인으로 사람을 만나냐는 말을 하는 사람들도 있다. 하지만 난 워낙 채팅으로 남자를 만나고 사귀면서 자라서 그런지 온라인으로 사람을 만나는 것에 대한 거부감이 별로 없었다. 난 어플을 통해 만난 남자와 데이트를 하기도 하고 친구가 되기도 했으며 원나잇을 하기도 했다. 내 마음에 가장 들었던 건 채팅 기능이었지만 사실 그건 스마트폰이 가지고 있는 셀 수 없이 많은 기능들 중 일부에 불과했다. 스마트폰과 함께라면 섹스를 더 재미있게 만들 수 있었다. 물론 그 전에도 녹음이나 녹화, 사진, 영상통화 등이 불가능했던 건 아니었다. 그러나 스마트폰이 있으니 굳이 다른 장비가 없어도 많은 것들을 할 수가 있게 됐다. 영화제에 출품할 생각이 아닌 이상 섹스비디오를 고화질로 찍을 필요는 없으니 스마트폰 하나면 충분했다. 뭐 요즘엔 스마트폰 영화제도 있으니 못할 것도 없겠지만 말이다. 섹스하는 도중에 카메라가 나를 찍고 있다는 생각이 들면 누군가 내가 섹스하는 모습을 보고 있는 것만 같아서 더 흥분이 된다. 약간 어둡게 만들어 놓은 상태에서 찍으면 사실상 얼굴이 잘 나오지 않기 때문에 심리적인 부담감을 덜 수 있다. 섹스하는 모습을 찍고 있다는 상황만으로도 충분히 색다른 기분을 받을 수 있으니까.

더 실감나게 섹스 장면을 찍고 싶을 땐 스마트폰을 손에 들고 찍기도 했다. 상대방과 내가 번갈아 가면서 찍으면 서로의 표정을 화면에 담을 수도 있었고, 삽입하는 순간을 찍을 수도 있었다. 나왔다 들어가는 순간을 천천히 찍어 놨다가 섹스가 끝나고 보면 또 섹스가 하고 싶어졌다. 누가 볼지도 모른다는 생각에 불안해지면 언제든 그냥 지우면 되니 캠코더로 촬영하는 것보다 훨씬 편했다. 가끔 나중에 또 보고 싶을 만큼 괜찮은 영상이 찍히면 비밀번호를 걸어서 보안 어플에 넣어 놓기도 했다.

영상뿐만 아니라 섹스 중에 찍는 사진도 색다른 재미를 가져다주었다. 움직이는 영상만큼 실감이 나지는 않지만, 섹스의 황홀한 순간을 담아둘 수 있다는 점이 사진의 장점이었다. 가끔 섹스 중에 녹음을 하기도 했는데, 혼자서 할 때 듣고 있으면 마치 누군가와 함께 섹스를 하고 있는 기분이 들었다. 물론 섹스 후에 누워서 살짝 나른한 기분으로 그날의 섹스를 다시 들을 수 있다는 점도 좋았다.

1년 전에 내가 외국에 나와 살게 되면서 애인과 난 장거리 연애를 하게 되었다. 떨어져 있어도 이전과 같은 관계를 나름대로 잘 유지하고 있는 우리에게 주변에서는 종종 그 '비결'을 물어볼 때가 있다. 그럴 때마다 난 '잘 터지는 와이파이'를 비결로 꼽는데, 약간의 농담이 섞여 있긴 하지만 나의 진심이 들어간 대답이다. 스마트폰이 없었다면 우리의 장거리 연애는 지금과 달라졌을지도 모른다는 생각이 들 만큼 기술의 혜택을 톡톡히 보고 있다. 아침에 일어나서 자기 전까지 우리는 수시로 영상통화를 하고 채팅을 하는데, 대화 내용의 대부분은 섹스 이야기다. 난 종종 그녀의 바지를 벗기고 보지를 핥아 먹고 싶다는 이야기를 하고 그녀는 항상 나에게 가슴을 보여 달라고 말한다. 샤워를 하고 나와서 벗은 몸을 서로 보여 주기도 하고, 가끔은 혼자서 하는 모습을 보여 줄 때도 있다.

그러니까 정확히 말하면 '야캠'이 우리 장거리 연애의 '비결'인지도 모르겠다. 젖어 버린 보지를 만지는 그녀의 손을 보고 있으면 그 어떤 야동을 볼 때보다 흥분해 버린다. 가까이 클로즈업 된 그녀의 보지를 비추는 화면에 대고 나는 입을 맞춘다. 오르는 순간 그녀의 입에서 나오는 신음소리를 들으면 그녀가 내 옆에 있는 것만 같다. 그렇게 우리는 연애와 섹스를 멀리서도 이어가고 있다. 오기 전에 그녀가 찍은 내가 혼자서 하는 영상이 몇 개 있는데, 가끔 그녀는 내 영상을 보면서 혼자 하기도 하는 모양이다. 가끔 술을 마신 그녀가 핸드폰을 잃어버릴 때마다 가슴이 철렁하긴 하지만 아직까지는 별 문제가 없었다. 그리고 솔직히 말하면 유출되어도 뭐 크게 상관은 없다. 이렇게 많은 야동이 인터넷상에 돌아다니고 있는데, 내 영상이 갑자기 유명해질 가능성이 얼마나 되겠나. 물론 누군가 일부러 유포시킨다면 당연히 법적인 책임을 물겠지만.

누군가는 이렇게 말한다. "세상 어떻게 될지 모르는데 나중에 후회할 일 생기면 어쩌려고 섹스 동영상 같은 걸 겁 없이 찍어. 헤어지고서 섹스 동영상 퍼뜨리겠다고 협박하는 남자가 한두 명인 줄 알아? 그거 다 찍은 년들 잘못이야." 헤어지고 나서 동영상으로 협박하는 남자들이 세상에는 분명히 존재한다. 아니, 매우 많다. 만약 그런 상황이 나에게 벌어진다면 조금은 후회할 수도 있겠다. 누군가 악의를 가지고 퍼뜨린다면 모르는 사람들뿐만 아니라 지인들이 내 섹스를 다 보게 되는 상황이 생길 수도 있다. 몇 년에 한 번씩 여자 연예인들의 섹스 동영상이 화제가 되어 왔고, 최근에는 연예인이 아닌 여성의 섹스 동영상이 헤어진 남자친구에 의해서 빠르게 퍼지는 일들이 늘고 있다. 그런데 그게 정말 동영상을 찍은 여자의 잘못인가? 혹은 동영상이 찍히는 줄도 모르고 섹스를 한 여성의 잘못인가?

전 국민이 스마트폰을 가지고 있는 요즘 같은 시대에 마음만 먹으면 몰래 동영상을 찍는 건 일도 아니다. 누군가의 섹스 동영상이 퍼지는 데 여자의 동의하에 영상을 찍었는가, 몰래 찍었는가를 따지는 것은 그리 중요하지 않다. 문제의 핵심은 원하지 않게 퍼져 나갔다는 점이다. 나에게는 '섹스 동영상이 퍼질 수 있으니 섹스 동영상을 찍지 말라'는 조언이 '미래의 남편이 실망할 수 있으니 섹스를 하지 말라'는 말과 똑같이 들린다. 여자에게 책임을 모두 떠넘기고 불안을 조장하는 그런 말. 섹스를 하는 것도, 섹스 동영상을 찍는 것도, 야캠을 하는 것도 여성의 자유이자 권리다. 반대로 그것을 하지 않는 것도 여성의 자유이자 권리다.

자신이 한 행동에 대한 '왜?'라는 질문에 제대로 대답할 수 있는 사람이 몇이나 될까. 무슨 글을 쓰고 싶은지도 모른 채로 글을 쓰는 작가가 있고, 심지어 자기가 뭘 하고 있는지도 모르는 채로 정치를 하고 있는 정치인이 있는 세상이다. 왜 굳이 '여자들의 섹스'를 두고만 '왜?'라는 질문을 하고 대답을 강요하나. 섹스를 해도 '왜 결혼할 사이도 아닌데 섹스까지 했느냐'고 묻고, 채팅으로 만나서 섹스를 해도 '왜 위험하게 채팅으로 사람을 만나냐'고 묻고, 원하지 않게 섹스 동영상이 퍼져도 '왜 찍었느냐'고 묻고, 난 찍은 적이 없다고 말하면 '왜 찍히는 것도 몰랐느냐'고 묻는다. 심지어 성폭력을 당해도 '왜 그 남자를 만났느냐'고 물을 정도니 말 다했다. 그런 질문에 언제까지 대답을 해 주고 있어야 되나 모르겠다. 나야말로 묻고 싶다. 도대체 왜 그런 게 궁금한데? 그들은 왜 그랬는지가 궁금한 게 아니다. 그 질문은 책임을 오로지 여자에게만 떠넘기기 위한 질문이다. "섹스를 하고 동영상을 찍은 잘못은 너한테 있어. 동영상을 퍼지게 만든 건 너야. 그런 남자인 줄 몰랐어? 왜 그랬어?" 양심상 이 말은 차마 할 수 없어서 '왜?'라는 질문만 반복하고 있다는 것을 난 알고 있다.

난 아직까지 섹스 동영상이 퍼져서 타격을 입은 남자를 본적이 없다. 섹스 동영상으로 협박하고 심지어 퍼뜨리기까지 하는 남자들은 자신의 행동이 얼마나 여자에게 큰 타격을 입힐 수 있는지 알고 있다. 자신과 섹스를 한 여자라는 증거, '순결'하지 않은 여자라는 증거로 섹스 동영상을 유포하는 그들은 유치하고 악랄하다. 누군가 원하지 않게 자신의 섹스 동영상을 퍼지는 일을 겪을 때, 우리가 가장 먼저 할 수 있는 일은 그 동영상을 보지 않는 일이다. 인간은 누구나 조금씩 관음증적 욕망을 가지고 있기 때문에 당연히 보고 싶을 수 있다. 다른 사람들이 이미 다 봤는데 나 하나 안 본다고 해서 뭐가 달라질까 하는 생각에 그냥 볼 수도 있다. 하지만 그건 또 다른 2차 가해자가 되는 것과 마찬가지의 행동이라는 것을 절대 잊어서는 안 된다. 여자가 원한다면 마음껏 섹스 동영상을 찍을 수 있고, 원하지 않게 퍼져 나가도 손가락질 당하거나 매장당하지 않는 사회, 난 그곳에서 살고 싶다.

섹스는
움직이는
거야

섹스는 움직이는 거야

정신없이 춤을 추고 있는데 그녀가 나에게 다가왔다. 레즈비언 클럽은 그날이 처음이었다. 그 당시 난 입버릇처럼 여자를 한번 만나보고 싶다는 말을 하고 있었다. 하지만 끌리는 여자가 없었고, 여자와 과연 섹스를 할 수 있을지 의문이 들었다. 섹스는 내 인생에서 너무 중요한 요소였기 때문에 그걸 포기할 수는 없었다. 그렇다고 연애는 여자랑 하고 섹스는 남자랑 하면서 복잡하게 살고 싶지는 않았기에 여자와 선뜻 만나 보지 못하고 있었다. 사실 나는 날 유혹해 줄 멋진 여자를 마냥 기다리고 있었던 것 같기도 하다. 나를 잡아끌어서 젖게 만들 그런 여자를. 하지만 내가 어떤 치명적인 매력을 가지지 않은 이상, 그런 일이 생길 리는 없었다.

처음 간 레즈비언 클럽은 신세계였다. 이렇게 많은 여자들이 이 주말 저녁에 이곳에 모여 있다니. 왜 이제까지 난 이곳에 한번도 못 와 봤나 싶어서 같이 간 친구를 구박했다. 클럽이란 공간의 조명이 날 빛나게 만들었던 건지 너무 춤을 못 춰서 눈에 띄었던 건지는 잘 모르겠다. 그녀는 내가 다가와서 같이 한잔하지 않겠냐고 물었다. 이미 그녀는 약간 취해 있었지만 거절할 이유도 없었기 때문에 알겠다고 대답했다. 테이블로 자리를 옮겨 이런저런 이야기를 나누며 술을 마셨고 그녀와 난 번호를 주고받았다. 유난히 더웠던 여름이었다. 며칠 뒤 그녀는 시원하게 맥주나 한잔하지 않겠냐며 연락을 해 왔다. 여자와의 데이트가 처음이라 망설여졌지만 별일 있겠나 싶어 그녀를 만나러 나갔다. 낮술이라서 그런지 생각보다 술기운이 빠르게 올라 왔다. 맥주를 마시다 보니 바깥이 어두워지기 시작했고 근처 레즈비언 바로 자리를 옮겼다. 그녀는 나에게 어떤 타입의 여자를 좋아하는지 물었고 난 대충 내가 좋아하는 여배우의 이름을 말했다. 여자랑 처음 데이트하는 거라는 말은 굳이 하지 않았다.

그녀는 나에게 지속적으로 호감이 있다는 표현을 했고 술 때문인지 분위기 때문인지 나도 그녀가 싫지 않았다. 하지만 어쩐지 내 머릿속은 복잡했다. '이렇게 분위기 좋게 만나고 있다가 여자 처음 만나는 거라고 말하면 날 어떻게 생각할까?' '앞으로 날 마음에 들어 하는 여자가 없을지도 모르는데 그냥 오늘 한번 해 봐?' '혹시 내가 상대방을 여자가 아니라 남자로 인식하고 있는 거면 어쩌지?' 여러 가지 생각이 술기운을 타고 올라왔다. 당연히 섹스 경험이 나의 성적 지향을 결정해 주는 건 아니지만 나를 꼴리게 하는 사람들과만 섹스를 하고 연애를 해 왔던 나에게 섹스는 무시할 수 없는 요건이었다. 집에 갈 시간이 되자 그녀는 나를 데려다주겠다며 택시를 잡았다. 난 택시에서 망설이다가 이대로 날 보낼 거냐고 물었다. 그녀는 갑작스런 내 말에 당황했는지 잠시 머뭇거리더니 택시 기사에게 신촌의 숙박업소가 많은 곳으로 가 달라고 말했다. 그리고 난 여자와 처음 섹스를 하게 되었다.

그때 난 진짜 여자를 좋아하는 여자라면 여자의 몸을 탐할 줄 알아야 된다는 생각을 가지고 있었다. 물론 지금은 레즈비언이라도 여러 가지 섹스 성향을 가지고 있고 오로지 받기만 하거나 심지어 섹스하면서 상대방의 몸을 보고 싶어 하지 않는 경우도 있다는 걸 알게 됐지만. 그런 생각을 가지고 있었기 때문이었는지 침대에서 그녀의 몸을 정신없이 탐했다. 나중에 내가 사실 처음이었다고 고백을 하자 그녀는 정말 여자랑 처음 섹스하는 거였는데 그렇게 했냐고 여러 번 물을 정도였다. 지금 생각해 보면 의무감 같은 게 있지 않았나 싶기도 하다.

여자와의 섹스가 가능하다는 걸 알게 되자 세상을 보는 눈이 달라졌다. 지나가는 여자들이 보였고 그녀들과의 섹스를 상상하게 됐다. 남자와 만나온 가장 큰 이유였던 섹스가 해결되니 굳이 남자와 연애할 필요가 없다는 생각이 들었다. 더 이상 남자를 만나지 않아도 된다고 생각하니 기뻐서 눈물이 나올 정도였다. 얼마나 기뻤으면 만나는 사람마다 붙잡고 여자와 연애한다는 이야기를 했으니까. 이 땅에 태어나서 여자로 사는 한 고충 한번쯤 안 겪어 본 여자는 드물었고, 그것만으로도 서로를 이해하는 기본 값 자체가 달랐다.

세상엔 물론 '안 그런 남자'들도 있겠지만 내가 만나 온 대부분의 남자들은 '남성 중심 사회'에 찌들어 있었고, 난 항상 연애 안에서 원하지 않게 상대방과 싸워야만 했다. 그들은 페미니스트로서의 내 정체성을 제대로 이해하지 못했고, 왜 마치 내가 '여성 대표'라도 되는 것처럼 행동하는지 지속적으로 질문했다. 그런 연애가 피곤했지만 섹스 때문에라도 남자를 끊기란 어려웠다.

남자가 싫었지만 남자를 만나야 하는 '이성애자 여성'으로 살기란 정말 힘들었다. 연애 안에서 상대방을 바꿔 보려고 노력을 하기도 했지만 자신이 변하기를 바라지 않는 이를 바꾸는 일이란 불가능에 가까웠다. 일말의 희망을 가지고 소위 말하는 진보적인 남성을 만나 보기도 했다. 하지만 페미니스트가 싫다는 남성과 페미니스트랑 연애 한번 해 보고 싶다는 '진보 남성'은 거기서 거기였다. 진보 남성은 얼핏 보면 페미니즘에 대해 열려 있는 것처럼 보였지만, 열린 태도를 내세우며 가르침을 당연하게 요구했다. 페미니스트와도 연애가 가능한 '진짜 진보 남성'이라는 이름을 획득하기 위한 일종의 리트머스 종이로 페미니스트와의 연애를 이용하려고 하는 경우도 있었다.

여자를 만나면서 난 더 이상 '싸우지' 않아도 됐다. 이 시대를 살아가는 여자들은 스스로 페미니스트라고 정체화하지 않더라도 여성으로 살면서 기본적으로 받아 온 차별에 대한 경험이 있었기 때문에, 굳이 일일이 설명하지 않아도 되었다. 당연히 페미니즘과 관련된 문제가 아닌 다른 것들로 종종 싸우곤 하지만 말이다.

이해받는다는 느낌으로 연애를 할 수 있다는 점도 좋았지만 이제까지와 완전히 다른 섹스도 흥미로웠다. 남자와의 섹스에서 난 고정된 역할을 맡았지만, 여자와의 섹스에서는 달랐다. 만나는 여자마다 하늘의 별과 같이 무수한 섹스 취향을 가지고 있었다. 평소에는 낮은 목소리인 그녀가 침대에서 나를 붙잡으며 높은 목소리로 신음을 하면 그 전엔 받아 본 적 없었던 자극을 받았다. 내가 여자를 이렇게 흥분할 수 있도록 만들 수 있다니, 이런 욕망을 모르고 살았다면 억울할 뻔했다는 생각이 들었다.

내가 야릇한 미소만 보내도 날 알아서 침대로 데리고 가곤 했던 남자들과 달리, 내가 아무리 자고 싶어도 여자를 침대로 데려가기란 쉽지 않았다. 모텔에 가서 같이 껴안고 자고 싶다고 했던 그녀가 모텔에 들어가 정말로 잠만 자려고 했을 때 난 엄청난 혼란에 빠졌다. 옷 안으로 살짝 손을 집어넣어 봤지만 그녀는 매몰차게 내 손을 뿌리쳤다. 도대체 어떻게 해야 할지 알 수가 없었다. 그동안 내가 쌓아 왔던 연애와 섹스의 경력은 하나도 소용이 없었다. 자기를 사랑하지 않는 것처럼 느껴진다며 나와의 섹스를 거부하는 그녀 앞에서 난 앵무새처럼 사랑한다는 말을 중얼거렸지만, 그녀는 헤어지자고 말했다. 그토록 스스로의 무능력함을 느끼기는 처음이었다. 미끈거리는 보지의 느낌을 알게 된 이상 여자와 더 많이 섹스해 보고 싶었지만 내가 원하는 대로 되지 않았다. 여자와 섹스하기가 이렇게 어렵다니 차라리 포기하고 남자랑 섹스를 해야 되나 싶을 정도였다. 우여곡절 끝에 섹스를 할 수 있게 되더라도 그게 끝이 아니었다. 겨우 모텔까지 데려가서 올라타는 데 성공했지만, 팬티도 벗기 싫어하는 여자를 어르고 달래느라 온몸의 진이 빠졌다. 우여곡절 끝에 클럽에서 겨우 꾄 그녀는 딜도 없이는 섹스를 해 본 적이 없다며 내 몸을 만지지도 않았다. 어디에 가야 나와 맞는 여자랑 섹스를 할 수 있는 건지 답답했다. 나중에 원나잇 상대를 구할 수 있는 레즈비언 카페가 있다는 이야기를 듣기도 했지만 그땐 몰랐으니까.

섹스에 굶주렸던 내가 여자와 본격적으로 섹스를 할 수 있게 된 건 지금의 애인을 만나고 나서부터였다. 어찌나 굶주렸는지 난 그녀에게 섹스를 할 때 주로 하는지, 받는지를 먼저 물어봤다. 그녀는 지금도 그 이야기를 하며 나를 놀리곤 한다. 그녀와 처음 만난 건 주말의 술 번개 모임에서였다. 난 구석에 앉아서 술만 마시고 있었는데 그녀는 술에 취해서 나에게 관심을 표현했다. 그녀를 다시 만난 건 그로부터 한 달 뒤였다. 그녀는 나를 만나러 우리 집 근처까지 왔고 그날과는 다르게 나도 그녀에게 호감이 갔다. 즐겁게 술을 마시다가 키스를 하게 된 우리는 그 뒤로 수많은 섹스를 하며 함께 시간을 쌓아 가고 있다.

나를 만나기 전 그녀는 섹스를 하면서 옷도 잘 안 벗는 여자였다. 주로 상대방에게 해 주기만 했던 그녀의 옷을 벗기기란 쉽지 않았다. 둘 다 술을 좋아해서 자주 술을 마시고 섹스를 하곤 했는데, 평소에는 건드리지도 못하게 하던 그녀가 술을 마시면 조금 느슨해지곤 했다. 난 그런 순간들을 절대 놓치지 않고 조금씩 그녀를 벗겨 나갔다. 못 만지게 하니까 더 만지고 싶었다. 바지 벗기기, 팬티 벗기기를 거쳐 클리토리스를 만지기까지 한 달이 넘는 시간이 걸렸다. 인내의 시간들이었다. 그녀는 결국 끊임없이 호시탐탐 기회를 노리며 시도하는 나를 포기했다. 옷을 다 벗은 채로 안았을 때 느껴지는 그녀의 감촉은 너무나 부드러웠다. 드디어 그녀의 보지 안에 손가락을 집어넣을 수 있게 되었을 때 난 세상을 다 가진 것만 같았다. 아직 이런 섹스가 익숙하지 않았던 그녀는 베개로 얼굴을 가렸다. 만약 내가 남자와만 섹스를 했다면 절대 느낄 수 없었을 기분이었다.

태어날 때부터 동성애자로 '태어나는' 사람은 아무도 없다. 모든 부모들은 아이를 당연한 듯이 이성애자로 '키운다'. 그 어떤 부모도 아이가 이성애자가 아닐 거라는 생각을 하지 않는다. 남녀 간의 결혼과 사랑을 다룬 드라마가 끊임없이 만들어지고 어쩌다 드라마에 게이라도 등장했다간 '바른 성문화'를 원하는 국민들이 시위를 한다. 그렇다 보니 바이섹슈얼들은 자신에 대해 잘 모르고 살아가는 경우가 종종 있다. 특히 남자 없이 사는 여자를 문제 있는 여자로 취급하는 사회에서 여자가 여자와의 삶을 택하기란 쉽지 않다. 법적으로 안정감을 주는 '남성과의 결혼'을 포기하는 순간 주변에서 쏟아질 많은 잔소리들을 견뎌야만 한다.

스스로 '깨어 있다'고 생각하는 사람들도 정작 자신이 성소수자라는 것을 알게 되면 혼란에 빠지곤 한다. 지금 이 순간에도 레즈비언 상담소에 끊임없이 자신이 레즈비언이 맞는지를 묻는 상담이 들어온다는 것이 그 증거다. 그래서인지 이성애자로 살다가 여자와 연애를 하게 됐음에도 자신을 여전히 '이성애자'라고 말하는 여자들이 세상에는 존재한다. 물론 남자와 섹스를 하고 연애를 하다가, 여자를 만난 뒤에 자신이 레즈비언임을 깨닫는 여성들이 있는 걸 보면 연애와 섹스 경험이 반드시 성적 지향과 일치하는 건 아니라는 걸 알 수 있다. 하지만 여성과의 연애 이후에도 자신을 '이성애자'라고 말하는 여성들은 자기 안의 호모포비아를 깨지 못한 경우가 많다는 점에서 분명 다르다. 안타깝게도 그것 또한 그녀의 선택이니 뭐라고 할 수는 없지만.

자신이 누구와 만나고 누구와 섹스를 할지 결정하는 것은 오로지 나 자신이다. 호모포비아가 판을 치는 이 세상에서 여자가 여자를 만나는 일은 분명 쉽지만은 않은 일이다. 누군가는 성적 지향을 타고나는 거라 말하지만, 자기 자신도 몰랐던 욕망을 살면서 발견할 수도 있다는 점에서 난 성적 지향이 움직일 수 있다고 생각한다. 중요한 건 타고났든 바뀌었든 선택했든 간에 차별받지 않아야 한다는 점이다. 난 내 자신을 자지성애자라고 굳게 믿고 살아왔지만 지금은 여자와 섹스를 하면서 살고 있다. 여자와 섹스를 하면서 난 더 자유롭게 섹스할 수 있게 됐다. 어쩌면 과거의 나는 나도 모르게 여자와의 섹스를 두려워했는지도 모른다. 그러나 지금의 난 그 어느 때보다 자유롭고 행복하다.

언니,
섹스
할래?

해 볼 수 있는 건
다 해 봤어요

리다　중학교 때부터 여자, 남자 가리지 않고 닥치는 대로 섹스를 했다. 현재 두 명의 애인과 동시에 연애를 하며 만족스러운 섹스를 하고 있는 다자 연애주의자. 지금과 같은 평화가 오기 전까지 욕도 많이 먹었다. 다가오는 섹스를 놓치지 않고 살아온 덕에 몸으로 해 볼 수 있는 건 다 해 봤다고 말할 수 있을 만큼 다양한 섹스 경험을 갖게 되었다. 앞으로는 새로운 섹스보다 안전한 섹스를 하면서 살고 싶다.

하고 싶다는 마음만으로 무엇이든 할 수 있다면 좋겠지만 인생은 그렇게 만만하지가 않다. 철저히 계획을 한다고 반드시 그대로 이뤄지는 것도 아니며 오히려 철저한 계획이 길을 가로막을 때도 있다. 섹스도 마찬가지다. 오늘부터 언제까지 섹스를 몇 번 하겠다고 계획한다고 해서 그대로 될 리가 없다. 때로는 몸과 마음이 따라주지 않고 때로는 상황이 따라 주지 않는다. 혼자 하는 게 아니다 보니 상대방 마음이 나와 같지 않아서 뜻대로 되지 않는 경우도 있다. 하지만 리다는 이제 더 이상 새로울 게 없을 만큼 다양한 섹스를 하면서 살아왔다. 하고 싶다는 생각이 들면 바로 실행에 옮겼고 나중에 후회를 할지언정 자신에게 주어진 섹스는 절대 놓치는 법이 없었다.

　"고등학교 때 한창 섹스에 대한 욕망이 컸어요. 어떻게든 빠져

나와서 애인 집에 가서 섹스하고 놀다가 다시 야자시간 맞춰 들어
와서 공부하고 집에 가고 그랬죠. 그러다가 처음으로 세 명이서 섹
스를 하게 됐어요. 애인 친구랑 저랑 셋이서 놀다가 섹스가 하고 싶
어져서 애인 친구한테 집에 가라고 했는데 안 간다는 거예요. 그러
다가 셋이서 섹스를 하게 됐죠. 판타스틱하고 새롭고 그런 느낌은
아니었고 되게 정신이 없었어요. 여자 셋이서 한 거였는데 되게 정
신이 없더라고요. 제가 둘한테 해 줘야 하는 입장이라 그랬던 거 같
아요.

저는 해 볼 수 있으면 다 해 본다는 생각으로 섹스를 하거든
요. 너무 해 보고 싶은데 해 보지 못해서 갖고 있는 판타지 같은 건
없어요. 한번 해 볼까 싶은 생각이 들면 다 해 봤어요. 저는 그래야
겠다고 생각이 들면 왜 그래야 되나 자문하지 않고 바로 실행하는
편이거든요. 남자 하나, 여자 둘이서 처음 섹스를 한 것도 그래서였
어요. 어느 날 남자를 끼워서 셋이서 섹스를 해 본 적은 없다는 생
각이 들더라고요. 둘 다 저랑 사귀었던 사람이었는데, 저는 둘의 몸
도 알고 섹스를 어떻게 하는지도 알고 선호하는 체위도 알고 성감
도 아는데 둘은 서로를 잘 모르는 상태잖아요. 그래서 열심히 두 사
람이 잘 맞게 조율을 하느라 애썼던 기억이 나요. 생각보다 정신적
으로 굉장히 좋았어요. '위 아더 월드' 같은 기분이었죠."

책을 좋아했던 리다는 책을 손에서 놓은 적이 없을 만큼 많은
책을 읽으면서 초등학교 시절을 보냈다. 그 나이 때 읽을 수 있는
것들을 다 읽고 나니 더 이상 읽을 수 있는 책이 없어서 어른들 책
을 읽게 됐다. 그러다보니 '임신'이나 '섹스'에 대해 책을 통해서 자

연스럽게 배울 수 있었다. 섹스를 해 봐야겠다는 생각은 아직 없었지만, 섹스에 대한 호기심과 관심은 충만했다. 중학생 때부터 혼자 살게 되면서 부모님의 간섭으로부터 자유로워진 리다는 책으로 배운 섹스를 몸으로 실험할 수 있었다.

"혼자서 살게 됐는데 외로우니까 남자든 여자든 상관없이 정말 닥치는 대로 만나고 섹스를 했어요. 섹스에 대한 모든 자극들이 신선하고 재미있을 때였죠. 보통 사귀자 하고 만나서 섹스를 하는 관계를 연애라고 부르잖아요. 저는 그런 개념 자체가 없었어요. 자고 싶은 상대가 있으면 '네가 좋아, 너랑 자고 싶어' 이렇게 말하고 상대방도 오케이 하면 바로 섹스로 들어갔거든요. 성욕이 주체할 수 없을 정도로 커서 계속 섹스를 하기도 했지만 혼자 사는 게 외로웠던 것 같기도 해요. 사람이랑 같이 있고 싶다는 생각 때문에 섹스를 했던 것도 있었어요. 남자랑 섹스를 할 때는 더럽게 아팠거든요. 아파서 별로 좋지 않았는데도 집착하듯 섹스에 몰두를 했던 것 같아요. 집에서 하기도 하고 야외나 DVD방에서 한 적도 많았어요. 섹스할 사람만 있으면 어디에서든 섹스를 했으니까.

아무 생각이 없었어요. 미성년자인데도 술집에 가면 문제가 된다는 생각도 없었고요. 술집 구석 자리 칸막이에서 섹스한 적도 있었고, 버스 뒷자리에서 한 적도 있었죠. 누가 있어도 긴 치마를 입으면 안 보이니까 신경 안 쓰고 섹스를 했어요. 그런데 이상하게 전 섹스를 하고 키스를 했던 건 기억이 나지만 첫 키스, 첫 섹스가 언제였는지에 대한 정확한 기억은 없어요."

처음이라는 이유만으로 커다란 의미가 저절로 생기는 건 아니

겠지만 많은 사람들은 '첫 경험'에 집착한다. '새해 첫날'이나 '첫눈'
을 기념하는 것처럼 '첫 생리'를 축하하고 '첫 경험'을 치르곤 한다.
별로 좋지 않았던 기억이라도 처음이라는 이유만으로 잊지 못하는
것이 바로 이 때문이다. 하지만 리다는 '첫 경험'이 언제쯤이었는지
에 대한 정확한 기억조차 가지고 있지 않다. 리다에게는 '처음'보다
는 자신이 생각하기에 '의미' 있었던 상황들이 기억으로 남아 있다.

"처음은 아니지만 정말 좋았던 섹스에 대한 기억은 있어요. 그
친구도 교복을 입고 있었고 나도 교복을 입고 있었는데 나도 그 교
복을 어떻게 입는지 아니까 편하게 벗겼어요. 그리고 처음으로 질
에 삽입을 했는데 딱 들어가는 순간 정말 근거도 없이 '나 정말 여
자가 좋구나' 하는 생각이 들더라고요. 분명 그때가 처음은 아니었
는데 왜 그런 생각을 했는지는 저도 잘 모르겠어요. 그리고 충격적
이었던 상황에 대한 기억도 있어요. 저보다 두 살 어린 친구를 잠깐
만난 적이 있었어요. 일단 잘 수 있는 상황이 왔으니까 자겠다는 생
각으로 옷을 벗겼는데 그 친구가 아직 2차 성징이 안 왔더라고요.
몸에 체모도 없고 가슴도 전혀 없고. 갓 초등학생을 벗어난 것 같은
몸 있잖아요. 그때 충격을 받고 한동안 연하를 안 만났었어요. 그런
데 나중에 생각해 보니까 웃기더라고요. 저도 중학생일 때였으니
저보다 두 살 어린 상대방이 어린 건 당연하잖아요."

섹스를 해야겠다 싶으면 학교면 학교, 학원이면 학원 가리지
않고 쫓아가서라도 상대를 찾았다. 길에서 만난 상대를 쫓아가서
유혹하기란 절대 쉽지 않았다. 심지어 열 번 도전하면 두 번 성공할
정도로 승률이 낮았지만, 거절당하는 것에 대한 두려움은 없었다.

욕도 먹고 맞기도 했지만 섹스를 못 하는 것보다는 나았다.

"물론 많이 차였죠. 열 번 도전하면 두 번 정도 성공하고 연애까지 발전하는 건 한 명 정도 됐을까. 욕이야 먹으면 되고 때리는 건 맞으면 되니까. 길에서 만난 사람을 쫓아갈 때는 보통 반해서 쫓아가는 거였어요. 그랬으니 지금 생각해 보면 빤한 작업 멘트를 치기도 했어요. '저기요, 예쁘세요. 어디 가요?' 이런 거. 그런데 정말로 원하는 상대는 어떻게든 유혹하게 되더라고요. 경험을 통해서 배운 것도 물론 있긴 하죠. 작업할 때 항상 상대는 바보가 아니라는 생각을 먼저 해요. 내가 수작 부리거나 '밀당'을 하려고 하면 상대도 어느 정도 다 알아요. 눈치가 없어도 어느 정도는 파악을 하거든요. 내가 수작 부린다는 걸 알면 상대방은 경계심을 갖게 되니까. 보통 상대에 대해서 어쩔 줄 몰라 하는 것 같은 태도를 취하려고 해요. 예를 들어서 좋아한다고 말한 다음에 자주 주변에 나타나서 잘해 준다거나, 얼굴이 빨개지거나 그러면 보통은 경계를 안 해요. 대답을 잘 못하거나 얼굴이 빨개지거나 하면 '얘가 나를 진짜 좋아하는데 쑥스러워하는구나'라고 생각하지 '얘가 굉장히 연애 경험이 많고 나랑 한번 놀아 보려고 하는 구나'라는 생각은 안하니까. 별다른 연기력도 필요 없어요. 정말 유혹하고 싶으면 자연스럽게 되더라고요."

원할 때 섹스를 할 수 있었기 때문이었는지 오히려 자위는 조금 늦은 고등학교 때부터 시작했다. 혼자서 놀면 무슨 느낌일까 싶어서 몸을 만져 봤지만 생각보다 자위의 재미를 찾기란 쉽지 않았다. 포르노를 보면서 따라해 보기도 했지만 연출한 장면을 보는 건 큰 도움이 되지 못했다. 여러 번 시도해 봤으나 흥분이 되기는커녕 지루하기만 했다.

"포르노를 보면 여자가 자기 가슴을 만지면서 뭔가를 삽입하는 장면이 많이 나오잖아요. 처음에는 그걸 보면서 따라해 봤는데 감흥이 없고, 하다 보면 귀찮다는 생각이 들더라고요. 열댓 번 해 봤는데 잘 안 되기에 한동안 안 했어요. 그러다가 한창 공부할 때였는데 공부하기가 싫었나 봐요. 다른 걸 해야겠다고 생각하고 했던 게 자위였던 거죠. 그 전에 시도를 해 봤던 적은 있으니까 어떻게 잘하면 될 것도 같아서 비슷한 방법으로 다시 시도해 봤는데 이번엔 되더라고요. 그래서 '아, 이거구나. 이래서 다들 자위를 하는구나' 싶었죠.

방법을 알게 된 다음에는 하루에 두세 번씩 하기도 했어요. 정말 자위가 재미있을 때는 생각날 때마다 하기도 했었죠. 그것도 매일 하다 보니까 어느 순간 재미가 없어지더라고요. 그 뒤로는 자위를 자주 하지는 않아요. 한 가지 확실히 좋은 건 그렇게 혼자서 자위를 하고 나면 잠이 금방 잘 와요. 제가 불면증이 있거든요. 그래서 수면제 대신에 한 번씩 자위를 하기도 했어요. 혼자 할 때는 삽입하는 것보다는 클리토리스 자극하는 걸 좋아하는 편이예요. 손으로도 많이 하다가 나중엔 편하게 바이브레이터를 쓰기도 했어요."

고등학생이 되자 연애에 대한 개념이 없이 닥치는 대로 만나서 섹스를 하면서 지내던 리다에게도 그 전까지와는 조금 다른 관계가 찾아왔다. 덕분에 남들이 말하는 연애가 뭐고 연애감정이라는 게 뭔지도 알게 되었다. 하지만 결코 쉽지만은 않았다. 리다는 연애를 하면서도 예전처럼 다른 사람과도 섹스를 하고 싶었다. 애인을 속이고 싶지는 않았기 때문에 먼저 동의를 구한 뒤 다른 사람들과도 섹스를 했는데, 그게 상대방한테 상처가 될 거라는 생각은 미처 하지 못했다.

"애인이 괜찮다고 하기에 진짜 괜찮은 줄 알았는데 나중에 알고 보니까 참고 있었더라고요. 연애하면서도 전 그전처럼 다른 사람들이랑 만나서 섹스하고 그랬었거든요. 그때 알았어요. 나의 이런 사고방식이 내가 좋아하는 사람한테 상처가 될 수도 있구나. 이런 게 연애구나. 대학 들어가서는 연애를 하면서 살아야겠다는 생각을 하기도 했었어요. 그래도 제가 다자 연애주의자다 보니까 욕도 많이 먹었어요. 레즈비언 바닥이 워낙 좁으니까 겹치는 일도 많았고요.

레즈비언 인터넷 커뮤니티에서 만난 말이 잘 통하는 분이 있었어요. 서로 이름은 모른 채로 연락만 주고받고 있었죠. 그런데 이야기 도중에 그분이 갑자기 제 이름을 대면서 혹시 그런 사람 아냐고 물었어요. 왜 그러냐고 물어보니까 자기 친구가 그 여자랑 만났었는데 정말 걔가 쌍년이라서 고생했다고 하더라고요. 그게 바로 저였죠. 제가 계속 다자 연애를 했거든요. 다자 연애보다는 일대일 연애 관계를 원하는 사람이 많잖아요. 그래서 제가 다른 사람과도 만나는 것을 상대방이 못 받아들이는 경우가 종종 있었어요. 일대일 관계를 원했는데, 내가 다자 연애를 하자고 하니까 난감했겠죠. 헤어지기는 싫고, 그렇다고 다자 연애 관계를 받아들이기는 싫고. 그래도 저랑 사귀고는 싶으니까 참고 만났던 사람들한테는 나중에

욕 많이 먹었어요."

남들 눈에는 마냥 이 사람 저 사람 만나고 다니는 것처럼 보였을지도 모르지만 리다에게도 나름대로의 원칙이 있었다. 애인이 없을 때는 상관이 없었지만 애인이 있을 때는 되도록 애인과 합의된 섹스를 하려고 했다. 또 여러 번의 씁쓸한 경험 끝에 친구와는 원나잇을 하지 않겠다고 스스로 다짐했다. 클럽이나 길에서 만난 사람과의 원나잇은 상관이 없었다. 그러나 친구로 지내던 사람과 섹스를 한 뒤에도 좋은 관계를 유지하기란 쉽지 않았다.

"번개 모임 같은 데 나가서 원나잇 하는 건 쉬워요. 일단 외로운 사람들이 나오니까. 날 쫓아오는 사람은 그냥 침대로 데려가기만 하면 돼요. 그게 아니면 친절하게 대해 주면서 유혹하는 거죠. 뭐 필요한 거 있으면 가져다주고, 마음에 드는 사람 앞에 있다가 단둘이 이야기할 타이밍이 오면 운을 띄워요. 정말 실례가 안 됐으면 좋겠는데 괜찮으시다면 오늘밤 같이 있고 싶다고. 조심스럽게 물어보는 거죠. 그래서 오케이 하면 가는 거예요. 그렇게 했을 때 싫다고 한 사람은 못 봤어요.

20대 초반에 친한 언니랑 섹스를 하게 된 적이 있었어요. 잘 지내던 언니였는데 섹스를 하고 나니까 기분이 이상했어요. 내가 처참해지는 기분이 들더라고요. 어제까지 이 사람과 나와의 관계는 친한 언니와 동생 사이였는데 하룻밤 사이에 그게 뒤집히니까. 언니가 먼저 섹스하자고 제안한 거였어요. 내가 친구로 상대방을 대해 왔던 시간 동안 상대방은 나한테 어느 정도 호감이 있었다는 뜻이잖아요. 분명 난 친한 언니라고 생각했고 그렇게 잘 지내 왔었는데 관계 자체에 의문이 생기니까 전처럼 잘 지내기가 어려웠어요. 나는 왜 이 상황에서 벗어날 수도 있었는데, 굳이 섹스를 했을까 싶기도 하고. 그래도 미련한 게 해 볼 수 있는 건 다 해 봐야 된다는 주의로 살다 보니 그런 비슷한 실수를 세 번쯤 반복했어요. 그러고 나니 친구랑은 섹스 안 해야겠구나 싶었죠.

섹스 상대가 바뀔 때마다 SM플레이 장비를 다시 구매하는 것도 저만의 규칙이에요. 그 전에 만나던 사람과 쓰던 장비를 가지고 섹스를 하는 건 상대방에 대한 예의가 아니라는 생각이 들어서요. 그러다 보니 돈이 많이 들어서 요즘엔 생활용품을 이용해서 플레이를 하고 있어요. 똑같은 목줄도 팻샵에서 구매하면 훨씬 저렴하거든요. 쇠로 된 자나 주변에 있는 끈, 안마기 같은 걸 주로 사용하고 있어요. 효과는 비슷한데 훨씬 저렴해서 좋아요."

아무것도 아닌 것처럼 보일 수도 있지만 섹스를 하고 나면 상대방에 대해 많은 것을 알 수 있었다. 리다는 섹스를 하면서 상대방의 눈치를 많이 보는 편이다. 섹스를 한다는 것 자체도 흥미롭지만 어디를 어떻게 자극하는가에 따라 달라지는 반응을 보는 것도 재미있다. 또 오르가슴을 느낄 때 가끔씩 눈앞에 보이는 평소에 볼 수 없는 묘한 색깔들도 리다가 섹스를 멈추지 않는 이유다.

"저는 섹스할 때 상대방 눈치를 되게 많이 봐요. 기본적으로 여자랑 섹스할 때는 클리토리스 위치 찾는 게 중요해요. 사람에 따라 미묘하게 형태나 위치가 다르니까, 잘못 찾으면 계속 만져도 자극은 안 되거든요. 마치 허공에 삽질하는 거랑 비슷해지죠. 그래서 신경 써서 공들여서 찾는 편이에요. 전 지금도 여자한테 들어가는

게 너무 좋아요. 받을 때는 오르가슴이라는 끝이 있지만 상대방한
테 할 때는 끝이 없어요. 팔이 아프다거나 하는 건 자세 조금 틀면
되고 섹스도 계속하다 보면 체력이 느니까. 발가락을 넣어 본 적도
있어요. 염증 같은 거 생길까 봐 걱정이 되긴 하더라고요. 발가락에
도 콘돔을 끼려면 낄 수도 있었겠지만 그때는 그냥 했거든요. 적합
한 타이밍에 적합한 상대를 만나면 온몸이 성감대가 될 수 있어요.
사실 사람마다 다르지만 개발하고 집중하면 가능하지 않은 곳은 없
는 것 같아요.

　가끔씩 오르가슴을 느낄 때 눈앞에 색깔이 보이는 게 재미있
어요. 섹스를 하다가 꼬리뼈에서부터 척추를 타고 머리까지 묘한
느낌이 올라올 때 저는 오르가슴을 느낀다고 표현하거든요. 이 이
상의 쾌락을 느낄 수 없겠다는 생각이 들면 갑자기 눈앞이 한 가지
색깔로 뒤덮여요. 보통은 평소에 잘 접하지 못했던 색깔들 있잖아
요. 예를 들어 다홍색이라든지 에메랄드 색이랑 청록색 사이에 있
는 이상한 초록색이라든지. 그런 자주 보지 못하는 색깔들이 눈앞
에 보일 때 굉장히 즐거워요. 한번은 오르가슴을 느끼면서 입에서
핫케이크 맛을 느낀 적도 있어요. 밀가루 특유의 향도 나고 짠맛,
단맛, 신맛이 동시에 나더라고요. 정말 신기했어요. 눈앞에 색깔이
보인 적은 몇 번 있었는데 입에서 맛을 느낀 건 그때가 처음이었거
든요."

　하고 싶은 상대와 해 볼만큼 해 보고 나니 섹스에 대한 흥미가
예전에 비해 떨어졌다. 만나는 여자마다 섹스를 하면 어떨지 궁금
했던 과거와 달리 지금은 새로운 사람에 대한 궁금증이 덜하다. 끊

임없이 섹스 생각이 들었던 때와 지금은 완전히 다르다. 만날 수 있는 모든 타입과 만나 봐서인지 이제는 외모보다 그 사람의 사고와 생각을 보게 된다는 점도 달라진 것 중 하나다.

"20대 중반이 되니까 섹스에 대한 관심이 시들해졌어요. 정말 해 볼 수 있는 건 다 해 봤거든요. 제 몸으로 할 수 있는 건 다 해 봐서. 더 이상 외적인 것에 휘둘리지 않으니 사람을 만날 때 외모가 중요하지가 않더라고요. 거의 다 해 봤는데 남자 두 명이랑 하는 섹스는 아직 안 해 봤어요. 해 볼 기회가 생기면 하겠지만 그건 일부러 찾아서 하지는 않을 거 같아요. 제가 남자보다는 여자를 선호하는 편이거든요. 이제는 새로운 사람을 만나서 섹스를 하는 것보다 안전하게 섹스를 하고 싶어요.

저는 성병을 되게 민감하게 생각해요. 임신을 하면 지우든지 낳든지 둘이 합의를 보면 되지만, 성병은 후유증이 평생 남거나 평생 재발하는 것들도 있잖아요. 그래서 전 누가 마음에 들면, 섹스를 하기 전에 그 사람의 성경험에 대한 이야기를 많이 들어요. 저는 그게 꽤 중요하다고 생각해요. 생각보다 많은 친구들이 한 번씩은 성병 때문에 고생을 하더라고요. 친한 친구가 클라미디아에 걸리는 바람에 비뇨기과에 따라다닌 적이 있었는데 그러다 보니 경각심이 생겼어요. 나처럼 섹스에 매달려서 사는 인간은 정말 조심해야겠구나 싶었죠. 여자끼리는 성병이 감염될 확률이 거의 없으니까 상관이 없는데 남자랑 섹스를 할 때는 항상 꼼꼼하게 따져요."

다자 연애를 한다는 이유로 욕도 많이 먹었던 리다는 요즘 여자 한 명, 남자 한 명 이렇게 두 명의 애인과 동시에 연애를 하고 있다. 리다는 셋이서 만나서 놀기도 하고 섹스도 하는 지금의 관계를 가장 이상적인 방식의 연애라고 느낀다. 그 전에 다른 이들과 스리섬을 했을 때와는 달리 애인들과 함께하는 섹스라서 더 평화롭다. 셋이서 섹스를 하기 전에는 먼저 반드시 그날의 역할을 정하는 것이 중요하다. 보통 남자와 여자의 섹스라고 하면 자지를 보지에 넣는 삽입섹스를 떠올리기 마련이지만, 리다와 애인들의 섹스에는 고정된 성역할이 없다.

　"원래는 둘 중에 한 명을 먼저 사귀고 있었어요. 그러다가 제가 다자 연애를 해 보지 않겠냐고 제안했더니 흔쾌히 그러자고 하더라고요. 그래서 셋이서 사귀기에 적당한 사람을 같이 골랐어요. 셋이서 같이 만나기도 하고 둘이서 만나기도 하고 시간 맞는 대로 만나요. 셋이서 만날 때가 가장 재미있긴 하죠. 셋이서 놀다가 하겠다 싶으면 그날의 섹스 역할을 정해요. 누가 받을 건지, 누가 할 건지. 받는 사람이 두 명이면 되게 정신없는데 하는 사람이 두 명이면 괜찮거든요. 고정된 역할은 없고 매번 바뀌어요. 그런데 받기로 한 사람은 그날 받기만 해야 돼요.

　남자들은 애널섹스에 거부감이 있는 경우가 많아요. 지금 애인도 처음엔 그랬는데 제가 잘 달랬죠. 하다 보면 알아서 다들 잘 적응하더라고요. 애널섹스가 정말로 싫을 수도 있지만 사회문화적인 요인 때문에 거부하는 경우가 많거든요. 그래서 저는 진짜로 싫은지 여러 번 물어봐요. 많이들 처음에는 거부하지만 정말로 싫어서 거부하는 경우는 잘 없더라고요. 대부분 이게 내 성역할이 아니라고 생각해서 거부하는 거 같아요. 애널섹스를 하면 자기 남성성이 저해된다고 느끼는 거 같기도 하고요.

사실 레즈비언의 경우도 한국사회에서는 당연하게 여겨지는 성적 지향은 아니잖아요. 그래도 여자 만날 사람은 다들 여자 만나고 남자 만날 사람은 남자 만나고 그러는 거니까. 사회문화적 영향을 무시하기란 쉽지 않지만, 극복되지 않는 문제는 아니라는 생각이 들어요. 자신이 원하는 쾌락이 있으면 가지고 있던 선입견 같은 건 금방 뒤집힐 수 있다고 봐요. 섹스는 제가 제일 좋아하는 놀이예요. 요즘에는 딱히 더 새롭게 해보고 싶은 건 없어서 아마 여태까지 해 왔던 것들 다시 해 보면서 살겠죠. 어쨌든 사람끼리 하는 거니까 서로 상처 입히지 않고 평화롭게 섹스하면 좋겠어요. 제 입장에서는 지금의 연애와 섹스를 가장 이상적인 방식이라고 느껴요. 물론 제 애인이 다른 사람을 만나고 싶다고 한다면 그건 그 사람이 원하는 거니까 제가 어떻게 할 수 있는 부분이 아니지만 저는 지금은 더 새로운 사람을 만나고 싶은 생각이 없어요. 오만일 수도 있겠지만."

언니, 섹스할래?

나가는 글

섹스에 대한
모든 것

이 책 한 권이면 섹스에 대한 모든 것을 알게 될 수 있을 거라 기대하신 분들도 있을 것이다. 그런 분들은 아마도 책을 읽기 전보다 더 혼란스럽고 당황스러운 기분이 들어 괴로워하고 계실 수도 있겠다. '여자의 마음은 갈대와 같다'는 속담이 있다. 이리 휘었다 저리 휘었다 바람에 따라 움직이는 갈대만큼 여자의 마음이 변덕스럽다는 거다. 언제 바뀔지 모르는 게 여자이기 때문에, 여자의 말에 심각하게 반응할 필요가 없다는 뜻과도 같다. 여자의 말은 남자에 비해 더 심하게 검열받는다. 머뭇거리면서 말하면 객관적이지 못하다는 평가를 받고, 강하고 명확하게 주장을 어필하면 세다는 평가를 받는다. 언성을 조금만 높여도 진정하라는 말을 듣는다.

왜 화가 났는지에 대해서 지속적으로 묻는 남자 앞에서 입을 다물어 버리고 '내가 왜 화가 났는지 모르냐?'고 묻는 여자들은 객관적이지 못하다는 이유로 비웃음과 조롱의 대상이 된다. 하지만 여자들이 자신이 화난 이유에 대해 말하지 않는 이유는 간단하다. 말을 해 봤자 소용이 없기 때문이다. 열심히 설명을 해도 단순한 문제로 생각해 버릴 테니까. 게다가 기분이 상한 상황에서 이성적으로 내 감정을 설명하기란 생각보다 쉽지 않으니까. 그에 비해 남자들은 간단하다. 남자의 자존심을 건드렸다는 놀라운 이유로 화를 내도 여자들이 알아서 눈치를 보고 살살 기며 기분을 풀어 준다.

자신의 주장을 전달할 줄 아는 여자, 즉 말 많은 여자는 이성애자 연애 시장에서 인기가 없다. 그렇기 때문에 전략적으로 남자를 어르고 달래는 방법을 가르쳐 주는 이들은 인기 연애 강사로 각광받는다. 남자의 기분이 상하지 않도록 어르고 달래가면서 내 기분을 설명하는 일은 결코 쉽지 않다. 돈으로도 환산하기 힘들 만큼의 감정노동을 하면서까지 남자와 더불어 살아가려고 노력하는 여성들을 보면 가슴이 미어진다.

세상의 모든 답은 남자들이 정한다. 여자들의 의견은 전혀 중요하지 않다. 그리고 남자들이 정해 놓은 틀에 몸을 끼워 맞춰야지만 개념 있는 여자라는 말을 들을 수 있다. 남자들은 페미니즘에까지 자신들의 칼을 들이대며 가짜와 진짜를 나눈다. 자신들이 보기에 좋은 페미니즘에 진짜라는 이름표를 붙이고, 자신들이 보기 싫은 페미니즘에는 가차 없이 가짜 딱지를 붙인다. 남자들이 원하는 게 진짜이고 원하지 않는 게 가짜다. 정제된 생각을 요구하는 이 세상에서 여자들은 스스로를 검열하면서 살아갈 수밖에 없다. 자기가 벌어서 돈을 쓸 때에도 내가 너무 사치스러운 것은 아닐까 고민한다. 여자들이 이렇게 고민하는 순간에도 남자들은 여자들에게 온갖 이름을 붙이면서 논다. 자기 돈을 쓰는 여자는 '된장녀'라고 불리고 선물을 받는 여자는 '김치녀'라고 불린다. 이름을 어찌나 버라이어티하게 잘 짓는지 차라리 창녀와 어머니로만 나누던 그 시절의 아날로그 감성이 그리워질 정도다. '여자는 꾸미기 나름'이라고 말하며 '꾸미지 않는 여자는 여자도 아니'라고 말하지만, '사치'를 하는 순간 된장녀가 된다. 사치의 기준을 나누는 것도 물론 남자다.

나는 웬만한 명품백을 살만큼의 돈을 섹스토이에 쏟아 붓는 바람에 명품백을 장만하지 못했다. 섹스토이를 명품백과 맞바꾸고 잡지 부록 에코백을 들고 다니다 보니 검소하다거나 개념 있다는 말을 종종 듣는다. 그야말로 보고 싶은 대로 보는 거다. 여자들에게 주어지는 '개념녀'라는 타이틀은 이렇게 변화무쌍하다. 그런데도 여자들은 그 틀에 몸을 구겨 넣으려고 하니 이 얼마나 안타까운 일인가. 자연스럽게 검열을 몸에 익히며 살아온 여자들은 섹스를 하는 순간에도 스스로 검열을 한다: 지금 이 순간 내가 원하는 것을 말하려면 왜 그것을 원하는지 객관적으로 설명해야 한다는 부담감에 짓눌려 결국은 입을 다물어 버리기도 한다.

이 책을 읽으면서 불친절하다고 느낀 독자들도 있을 것이다. 어쩌라는 건지 모르겠다고 말하는 분도 계실 것이다. 나는 자신의 감정을 말하는 순간조차 '이성적'이고 '객관적'으로 '정답'을 말하라고 요구받는 여자들이 제발 자유로워지길 바란다. 그래서 어떠한 결론을 내리기보다 생각할 거리를 던져 주고 싶었다. 이렇게 해야 한다고 구체적인 방법을 제시하기보다는 이렇게 할 수도 있다고 말하는 글을 쓰려고 노력했다. 생물학에 기반한 섹스에 대한 책이나 섹스의 기본 지식에 관한 책은 이미 시중에 많이 나와 있기 때문에 굳이 이 책에서 그런 내용은 다루지 않았다.

자신과 만나 주지 않는다는 이유로, 자신과 섹스를 하지 않는 다는 이유로 여성을 살해하는 남성들은 여전히 존재한다. 자신이 남자들에게 너무 적대적인 것이 아닐까 고민하는 여자들을 종종 본 다. 남자들이 바뀌지 않는 이상 여자들의 이런 행동은 당연하다. 위 험하지 않은 남자와 섹스를 하기 위해서 남자를 고르는 것은 필수 다. 그 과정에서 괜히 주변을 알짱거리는 남자들을 쳐내는 것도 여 자의 몫이다. 여성의 외모를 두고 평가하는 남자들의 욕망은 당연 한 것이고, 왜 남자를 고르는 여자들의 욕망은 이기적인 것인가. 자 신을 돌보는 여자들이 왜 이기적이라는 이야기를 들어야 되나. 섹 스를 하는 것도 섹스를 하지 않는 것도 여자 마음이다. 누구와 섹스 를 할지와 어떤 섹스를 할지를 결정하는 것도 여자 본인이다.

나는 자신의 섹스 욕망에 솔직한 여성이 21세기의 신여성인 것처럼 추앙받는 것도, 서른이 넘도록 섹스 경험이 없는 여성이 뒤 처진 여성인 것처럼 조롱거리가 되는 것도 원하지 않는다. 그건 남 자들이 만들어 놓은 잣대다. 누군가의 경험과 자신을 비교하거나 파트너의 눈치를 보기보다는 지금 자신의 욕망에 귀 기울이는 여자 들이 많아졌으면 좋겠다. 이 세상을 살아가는 이상 남자들이 만들 어놓은 프레임에서 자유롭기란 쉽지 않다는 것을 알고 있다. 하지 만 그 프레임은 결코 여자들을 행복하게 만들어 주지 않는다. 그 틀 에서 벗어나 여자들이 자신의 이야기를 하고, 생각을 강요하는 남자와 섹스를 하지 않는 것만으로도 분명 세상은 바뀔 것이다.

여자들을 위한 섹스샵에 대한 나의 꿈에 대해 이야기했을 때 누군가는 말했다. 여자들한테만 섹스토이를 팔아서는 절대로 가게를 운영할 수 없다고. 여자들은 성욕이 적어서 남자들만큼 섹스토이를 구매하지 않을 거라고. 그러나 그의 말이 틀렸다는 것을 난 직접 몸으로 체험했다. 나는 올 4월부터 7월 초까지 약 3개월간 섹스토이 구매 대행 프로젝트 '은하선의 장난감 선물'을 진행했다. 한국에 비해서 저렴하고 예쁜 섹스토이가 많은 해외에 거주하고 있기 때문에 가능한 일이었다. 사실 시작하기 전에 이렇게 많은 여자들이 섹스토이를 주문하리라고 생각하지 못했다. 섹스토이에 대한 욕망은 있었지만, 어떤 물건이 좋을지 몰라서 고민하던 여자들의 상담 메일은 끊이지 않았다. 어떤 섹스토이가 좋은지 추천해 달라는 메일부터 자신의 섹스 고민을 해결해 줄 만한 섹스토이를 문의하는 메일까지. 이제까지 물어볼 곳이 없어서 망설이고 있었다는 메일도 많이 받았다. 그리고 난 100개가 넘는 섹스토이들을 한국으로 입양 보냈다. 여자들의 욕망은 이렇게 반짝이고 있었다. 다만 욕망을 내보이지 않을 것을 강요당하며 살아왔을 뿐이다. 손에 딜도와 바이브레이터를 쥔 여자들은 남자에게서 조금 자유로워질 수 있을지도 모른다. 분명 세상은 변화하고 있고 여자들도 달라지고 있다. 밖으로 나오는 여자들은 더 많아질 것이다. 그러니 부디 틀을 깨고 나오는 것을 너무 두려워하지 말길. 이미 틀 밖으로 나온 여자들이 반갑게 손을 내밀어 줄 테니.